Felix Hecht

Die Fortschritte des deutschen Sparkassenwesens seit dem Jahre 1880

Felix Hecht

Die Fortschritte des deutschen Sparkassenwesens seit dem Jahre 1880

ISBN/EAN: 9783743301771

Hergestellt in Europa, USA, Kanada, Australien, Japan

Cover: Foto ©ninafisch / pixelio.de

Manufactured and distributed by brebook publishing software (www.brebook.com)

Felix Hecht

Die Fortschritte des deutschen Sparkassenwesens seit dem Jahre 1880

Die Fortschritte
des
Deutschen Sparkassenwesens
seit dem Jahre 1880.

Von

Dr. Felix Hecht,

Großherzogl. Bad. Hofrath.

Mannheim.
Hofbuchdruckerei Max Hahn & Comp.
1894.

Inhalts-Verzeichniß.

I. Kapitel.
Die organisatorischen Bestrebungen auf dem Gebiete des deutschen Sparkassenwesens seit dem Jahre 1880.

		Seite
§ 1.	Die Sparkassen vor dem Jahre 1880	5
§ 2.	Die Bewegung für populäre Sparkassenreform. Die deutschen Sparkassentage	7
§ 3.	Der Verband der Sparkassen in Rheinland und Westphalen	11
§ 4.	Der deutsche Sparkassenverband	14
§ 5.	Die Bildung provinzieller Sparkassenverbände	16
§ 6.	Das constructive Princip des deutschen Sparkassenverbandes	18
§ 7.	Planmäßige Organisation der Verbandsrevisionen	19
§ 8.	Die Differenzpunkte innerhalb des deutschen Sparkassenverbandes. Der Brandenburgische Sparkassenverband	20
§ 9.	Der neue deutsche Sparkassenverband. Statistik	25
§ 10.	Centralstelle für den Geldverkehr der Sparkassen	28
§ 11.	Sparkassengesetz für Preußen	33

II. Kapitel.
Die Grundgedanken der Reformbewegung.

§ 12.	Die Selbsthilfe als treibende Kraft der Reformbewegung	35
§ 13.	Selbstkritik in Betreff der organisatorischen Einrichtungen innerhalb der einzelnen Sparkassen	36
§ 14.	Die Schul- und Jugendsparkassen	39
§ 15.	Die Pfennigsparkassen	41
§ 16.	Der Uebertragbarkeitsverkehr	46
§ 17.	Das Ueberbringungs- und das Abholungssystem. Die Wochen-Ersparnungs-Anstalten	49
§ 18.	Die Sparkassen und die Lebensversicherungsgesellschaften	58
§ 19.	Die moderne Sozialgesetzgebung und ihr Einfluß auf den Sparsinn der arbeitenden Bevölkerung	65
§ 20.	Die Organisation des Sparwesens durch die Erwerbs- und Wirthschafts-Genossenschaften	67
§ 21.	Die Post im Dienste des Sparens	69
§ 22.	Sparbegriff. Vortheile des Sparens	71

III. Kapitel.
Die Rheinische Hypotheken-Bank und die Sparkassen. Die Reform des badischen Sparkassenwesens.

§ 23.	Die Badischen Sparkassen	75
§ 24.	Die Reform der Badischen Sparkassen	84

1. Kapitel.

Die organisatorischen Bestrebungen auf dem Gebiete des deutschen Sparkassenwesens seit dem Jahre 1880.

§ 1. Die Sparkassen vor dem Jahre 1880.

Das deutsche Sparkassenwesen ist ungefähr mit dem Jahr 1880 in eine neue Phase seiner Entwicklung eingetreten. In den voraufgehenden Jahrzehnten hat sich bald in rascherer, bald auch in langsamerer Art die Zahl der Sparkassen vermehrt und es läßt sich rückwärts blickend auch nicht verkennen, daß in einzelnen Sparkassen fruchtbare, schöpferische Gedanken zu Tage getreten sind, die aber zunächst nur in engeren Kreisen ihren Einfluß äußerten. Eine nicht geringe Anzahl der entstandenen Sparkassen vergrößerte und kräftigte sich, je nach der Gunst lokaler Verhältnisse und der Intelligenz der Leitung.

Die Sparkassen in vielen deutschen Staaten sind, wenig beachtet und nicht erheblich beeinflußt von den staatlichen Aufsichtsbehörden, im wesentlichen Produkte lokaler Entwicklung gewesen. Sie führten ein freundliches Stillleben. Es waren ursprünglich gemeinnützige Vereine, wie in Aachen, Altona, Frankfurt a. M., Karlsruhe, Stuttgart; auch Actiengesellschaften, wie in Bremen, Danzig; Fürsten, wie in Württemberg, Weimar, Rudolstadt, welche im Anfang dieses Jahrhunderts das Sparkassenwesen in die Wege leiteten und den Anstoß dazu gegeben haben, daß bald allenthalben, Provinzen, Kreise und Gemeinden für ihre Eingesessenen derartige Einrichtungen schufen. Die Initiative für ihre Entstehung ist nicht aus den unteren Volkskreisen hervorgegangen, denen sie vorzugsweise dienen sollten, sondern sie waren aristokratische Associationen, d. h. der Impuls ging aus von der Vereinigung solcher gesellschaftlichen Elemente, welche über dem Bedürfniß einer Benützung der Sparkassen standen.¹)

Die Gemeinden und Kreise erkannten bald die außerordentliche wirthschaftliche Bedeutung der Sparkassen. Die Anregung und Pflege des Sparsinns bei der minder bemittelten Bevölkerung mußte dazu dienen, die Armenlast zu vermindern, die Steuerkraft zu vermehren. Auch die ethische Bedeutung der Sparkassen fand gebührende Würdigung, während die Aussicht auf Gewinn bei der Gründung vieler Sparkassen zunächst nicht hervortrat.

Eine nicht unerhebliche Anzahl von Sparkassen verblieb in der Richtung, wie sie durch die ursprüngliche Gründung vorgeschrieben war. Viele Kassen entwickelten sich unter Beibehaltung des Namens zu communalen Bankinstituten mit eigenartigen Grundsätzen der Organisation und Geschäftsführung. Die beliebte Charakterisirung als Depositenbanken ist nur bei einzelnen, keineswegs bei allen zutreffend. Sie bilden vielmehr nach ihrer Eigenart eine Kategorie von Instituten, deren Geschäftsprincipien theilweise den Sparkassen, theilweise den Personalcreditbanken und wiederum zum Theil den Depositenbanken entlehnt sind.

Viele Kassen beharrten in einem steifen Formalismus, ihre Einrichtungen wurden den Bedürfnissen der Bevölkerung nicht angepaßt. Eine kaufmännische geschäftliche Disposition wurde zum Theil programmatisch vermieden.

Die Gründung des deutschen Reiches berührte zunächst die lokalisirte Entwicklung des deutschen Sparkassenwesens nicht merklich. Bei dem Ausbau des Reiches mußte man alle Kräfte zusammenfassen, um die wesentlichsten Reformen auf dem Gebiete des Militär-, Rechts- und Postwesens vornehmen zu können. Die Entwicklung des Reiches zu einem einheitlichen, nach großen Gesichtspunkten geleiteten Wirthschaftsgebiete mußte in dieser wie in anderer Hinsicht erst allmählich und methodisch sich vollziehen.

---

¹) Hannoversche Sparkasse 1893, S. 302. Konstantin Schmid, das Sparkassenwesen 1863. Interessante Ausführungen über die Impulse für die Entwicklung des preußischen Sparkassenwesens bei Engel, preußische statistische Zeitschrift 1876, S. 342.

§ 2. **Die Bewegung für populäre Sparkassenreform.
Die deutschen Sparkassentage.**

Die Bewegung für populäre Sparkassenreform begann in Deutschland erst mit dem Jahre 1880. Im Beginn derselben forderte der Bürgermeister von Plauen seine städtischen Behörden zu einer Verjüngung der Sparkassen auf. Im Herbst 1880 eröffnete Wilhelm Schwab in Darmstadt die erste deutsche Pfennigsparkasse. Die kleine sächsische Stadt Burgstädt führte zuerst Sparmarkenkarten ein und an den deutschen Armenpflegertag in Berlin schloß sich im November 1881 eine erste freie Conferenz von Freunden einer zeitgemäßen Sparkassenverbesserung.

Aus dieser ging dann die Berufung des ersten deutschen Sparkassentags auf den 6. Oktober 1882 nach Darmstadt hervor. Absicht und Zweck der Berufung des Sparkassentags aus ganz Deutschland war nicht, den vorhandenen Sparkassenverwaltungen gewisse kleine Vortheile und Geschäftserleichterungen zu verschaffen. Dafür ging das Unternehmen schon aus einem allzu weit gezogenen Kreise hervor. Auch das communale Interesse sollte nicht der höchste, erste und letzte Gesichtspunkt sein, schon deshalb nicht, weil keineswegs alle oder fast alle deutschen Sparkassen Communalinstitute sind. Im Vordergrund stand vielmehr die Idee der Sozialreform: den Massen zu dienen, welchen durch Gewöhnung an Sparsamkeit und durch Vervielfältigung der Gelegenheiten zu fruchtbringendem Ersparen zugleich Mäßigkeit, gutes Haushalten beigebracht werden sollte. Der Sparkassentag war ein Unternehmen nationaler Gesellschaftsreform. „Vernachlässigt von der Wissenschaft wie von der Staatsgewalt, stehen geblieben bei den einst völlig ausreichenden Einrichtungen und Formen sollten die deutschen Sparkassen sich jetzt wieder in den vollen Fluß des Lebens stellen, um ganz zu sein, wozu sie berufen sind: Erzieherinnen der Massen zu guter fürsorglicher Wirthschaft." S. Artikel im Nordwest gelegentlich der Darmstädter Versammlung und Referat von Lammers über die deutschen Sparkassentage 1881—1884, in einer Ausschußsitzung in Berlin, vom 27. Februar 1887 Eff. Sparkasse 1887, No. 121.

Man hoffte eine feste Basis zu einer organisirten Verbindung der deutschen Sparkassenverwaltungen zu gewinnen. Diesen Erfolg hatte die Einberufung der Versammlung nicht. Man war zum Schluß der Versammlung nur zu dem Resultat gelangt, einen Ausschuß einzusetzen, welchem im Wesentlichen die Aufgabe zugewiesen wurde, die Begründung eines deutschen Sparkassenverbandes vorzubereiten. Diesem Verbande sollten sich nicht nur alle deutschen Sparkassen anschließen, sondern auch alle für eine zeitgemäße Umgestaltung und Verbesserung des Sparwesens sich interessirenden Männer aus allen Theilen Deutschlands.

Der Darmstädter Sparkassentag bezeichnete es ferner als eine Pflicht von Communen und Sparkassenverwaltungen, durch Gründung oder Uebernahme von Pfennigsparkassen dem kleinen Mann das Sparen thunlichst zu erleichtern und für den Fall der Gründung von Postsparkassen erhob er die Forderung, daß die Rechte der bestehenden Sparkassen und die freie Bewegung auf diesem Gebiet gegen unberechtigte Störungen und Uebergriffe gleichzeitig sichergestellt würden.

Der Ausschuß trat am 21. April 1883 in Berlin zu einer Berathung derjenigen Schritte zusammen, welche für geeignet erachtet werden konnten, die ihm in Darmstadt zugewiesene Aufgabe ihrer Lösung zuzuführen. Man faßte den Beschluß einen 2. deutschen Sparkassentag abermals im Anschluß an die Jahresversammlung des Vereins für öffentliche Armenpflege einzuberufen und auf die Tagesordnung zu setzen: Die Organisation von Sparkassenverbänden, die Popularisirung der Pfennigsparkassen. Auch sollte eine Zusammenstellung der Resultate gefertigt und verbreitet werden, welche die bisher ins Leben gerufenen deutschen Pfennigsparkassen erzielt hatten.

In der Diskussion wurde constatirt, daß gegenüber den Bestrebungen für eine gedeihliche Entwicklung des Sparkassenwesens eine überraschende Theilnahmslosigkeit bestehe gerade an den Stellen, wo das lebhafteste Interesse für die zeitgemäße Reform des deutschen Sparkassenwesens erwartet werden durfte, nämlich bei den Vertretungen derjenigen Gemeinden und corporativen Verbände, welche öffentliche Sparkassen begründet hatten. Unter den Gründen hiefür wurde besonders

hervorgehoben, daß die Gemeinde= (Amts=, Kreis ꝛc.) Spar=
kassenverwaltungen in der überwiegenden Anzahl ihre Aufgabe
nur in der Wahrung des gemeindefiscalischen Interesses er=
blickten, d. h. in dem Bestreben, möglichst hohe Ueberschüsse
zu erzielen, welche zur theilweisen Deckung der Gemeindebe=
dürfnisse, also zur Erleichterung der steuerzahlenden Bürger
Verwendung finden könnten. Man war allseitig der Meinung,
daß, wenngleich dieses Bestreben an sich nicht ungerechtfertigt
genannt werden könne, doch durch dasselbe und soweit es als
die ausschließliche Aufgabe der öffentlichen Sparkassen betrachtet
würde, Zweck und Wesen der öffentlichen Sparkassen vereitelt
bezw. beeinträchtigt werden müßten.

Solange die Verwaltungen den ursprünglichen Zweck der
Sparkassen, Organe für die Förderung des Sparens in der
Bevölkerung und namentlich in der wirthschaftlich bedrängten
Bevölkerung zu sein, nicht wieder als ihre Hauptaufgabe ins
Auge faßten, solange nicht die zu Trägern des öffentlichen
Sparkassenwesens berufenen Gemeinden und sonstigen corpo=
rativen Verbände es sich angelegen sein lassen würden, ihre
zu Bank= und Creditanstalten herangewachsenen Sparkassen
dem eigentlichen Zweck derselben besser als bisher nutzbar zu
machen, solange werde die auf die wirthschaftliche und sitt=
liche Hebung der ärmeren Bevölkerung abzielende Thätigkeit
der Reformbestrebungen nennenswerthe Erfolge nicht aufweisen
können. Es sei diese Theilnahmslosigkeit, namentlich soweit
sie sich bei den Vertretungen der größeren Gemeinden bezw.
corporativen Verbände zeige, um so weniger verständlich, als
die Förderung des Sparkassenwesens doch im engsten Zusammen=
hange stehe mit der Lösung der großen sozialen Aufgabe,
welche die deutsche Reichsregierung in die Hand genommen
beziehentlich mit anderen Vereinen auch der deutsche Verein
für die öffentliche Armenpflege zu fördern unternommen habe.

Der Ausschuß bezeichnete die Frage der Begründung
eines deutschen Sparkassenverbandes als eine fortwährend im
Auge zu behaltende Aufgabe, er erachtete aber den Boden
für die Begründung dieses großen Verbandes noch nicht für
genügend vorbereitet und begnügte sich zunächst damit, die
Begründung von größeren oder kleineren lokalen Verbänden

als denjenigen Weg zu bezeichnen, auf welchem schließlich der allgemeine, ganz Deutschland umfassende Verband erreicht werden könne. Es bestand damals bereits der westdeutsche Sparkassenverband (worüber unten des näheren zu berichten ist) und man ersuchte den Vorsitzenden des westdeutschen Verbandes, den Oberbürgermeister Hache-Essen, um ein Referat über die Organisation von Sparkassenverbänden. cf. Ess. Sparkasse 1883, vom 5. Mai No. 28: Reform des Sparkassenwesens und das Referat von Lammers über die deutschen Sparkassentage von 1881—1884, vom 27. Februar 1887 Ess. Sparkasse 1887, No. 121.

Auf dem 2. deutschen Sparkassentag vom 4. Oktober 1883 in Dresden wurde die Organisation engerer Sparkassenverbände empfohlen, die in dem deutschen Sparkassentage ihren Mittelpunkt finden sollten. Man rieth den öffentlichen Sparkassen die Sparmarkenkarten zu benutzen und bestehenden Pfennigsparkassen jeden Vorschub zu leisten. Man empfahl die fakultative Einführung von Jugend- bezw. auch Schulsparkassen.

Am 2. Oktober 1884 fand der 3. deutsche Sparkassentag in Weimar statt. Man erklärte sich hier für die Uebertragbarkeit der Einlagen auf andere Sparkassen nach Düsseldorfer Norm, hörte einen Vortrag zu Gunsten der Begrenzung der Einlagenhöhe nach oben und einen anderen über die Betheiligung der Sparer am Reingewinn. Unmittelbar nachher kam der Gesetzentwurf wegen Ermächtigung der Post zur verzinslichen Annahme von Volksersparnissen. Man hielt es für unthunlich, den Sparkassentag sofort wieder zu berufen. Das seit 1881 bestehende Comité aber trat am 25. November 1884 in Hannover zusammen und beschloß, einerseits den Reichstagsmitgliedern einige Wünsche in Betreff des Entwurfs eines Postsparkassengesetzes vorzulegen, andererseits den bestehenden Sparkassen nochmals zeitgemäße Reformen vorzuschlagen, damit sie im Wettbewerb mit der Post nicht unterliegen.

Es wurde noch ein 4. und letzter deutscher Sparkassentag in Magdeburg am 26. September 1887 abgehalten, der seine Hauptaufgabe in den Verhandlungen erblickte, die sich auf Erleichterung der Spargelegenheiten bezogen.

Inzwischen waren auf dem Gebiete des Sparkassenwesens organisatorische Arbeiten gefördert worden, die nach Lage der Sache in diesen Sparkassentagen nicht die Krönung des Gebäudes erblicken konnten und nach anderer Richtung hin tendirten.

§ 3. Der Verband der Sparkassen in Rheinland und Westphalen.

Die Sparkassenrendanten des Regierungsbezirks Arnsberg hatten bereits in den 70er Jahren in jährlicher Zusammenkunft Fühlung genommen, sogar eine Sparkassenzeitung ins Leben gerufen. Es fand nun am 28 Juni 1881 eine Versammlung der Sparkassenverwaltungen der Regierungsbezirke Düsseldorf und Arnsberg in Essen statt. Den Gegenstand der Tagesordnung bildete die Frage einer Herabsetzung des Zinsfußes für die Sparkasseneinlagen vom 1. April 1882 an, sowie die Gründung eines Sparkassenverbandes für Rheinland und Westphalen und eines Verbandsorganes. Es wurde eine Commission gebildet, um die Organisation eines solchen Verbandes durch Ausarbeitung eines Statuts und Einberufung einer neuen Versammlung behufs Constituirung des Verbandes vorzubereiten.

Schon am 27. August 1881 erschien die Probenummer des volkswirthschaftlichen Wochenblattes „Die Sparkasse" in Essen, des späteren langjährigen verdienstlichen Verbandsorgans. In der Probenummer wurde darauf hingewiesen, daß die langjährige Geschäfts- und Vermögenskrisis auch für die Sparkassen große Verluste gebracht habe, „öfter größer, als man sie für möglich gehalten hätte." Um denselben für die Zukunft vorzubeugen und um die Interessen der Sparkassen im Allgemeinen wahrzunehmen, sei ein Verband der Sparkassen in Rheinland und Westphalen in der Bildung begriffen. Zweck des Verbandes sei:

1. sich gegenseitig vertrauliche Auskunft zu ertheilen über sachliche und persönliche Verhältnisse,
2. unter einander die Ansichten auszutauschen und in Versammlungen einen gemeinsamen Boden zu gewinnen

über Taxen und Werthschätzungen, Versicherungs=
gesellschaften und deren Garantieen, Geldwesen im
Allgemeinen, Obligationen, Fonds und andere Anlagen
der Sparkassen, Grundbuch=Einrichtungen, Verhältnisse
der Sparkassen=Beamten.

Die jährlichen Versammlungen würden eine gemeinsame
Grundlage geben für eine gemeinsame und gleichmäßige
Handhabung der Geschäfte, das Standesbewußtsein erhöhen
und die Freudigkeit des Berufs, die Sicherheit in der Arbeit,
die Festigkeit in den Grundsätzen vermehren und den Ueber=
blick über die gesammte Geschäftslage erleichtern.

Die Constituirung des Verbandes fand am 28. September
1881 in Hagen i. W. statt und der Verband nahm die Be=
zeichnung an: Verband der Sparkassen in Rheinland und
Westphalen. Die „Sparkasse" wurde Verbandsorgan. Dieses
Organ hat den Verband aufrecht erhalten. Die Hoffnung,
daß der größere Theil der Sparkassen der beiden Provinzen
sich dem Verbande anschließen würde, erfüllte sich nicht.

Um den Beitritt mehr anzuregen, setzte man im Jahre
1883 die Beiträge herab, eine räumliche Ausdehnung des
Verbandes wurde in Anregung gebracht und der Verband als
„Verband der Sparkassen in Westdeutschland" in der außer=
ordentlichen Generalversammlung vom 22. Juni 1882 bezeichnet.
Man erweiterte, bereicherte und vertiefte das Verbandsorgan.
Der Vorstand betheiligte sich an den Reformbestrebungen auf
dem Gebiete des Sparkassenwesens, welche der deutsche Spar=
kassentag seit seiner ersten Versammlung in Darmstadt sich
zur Aufgabe stellte. Die Mitgliederzahl wuchs. Ein Theil
der an der Spitze des westdeutschen Verbandes stehenden Mit=
glieder wurde in das größere Comité des deutschen Spar=
kassentags, bezw. in den auf dem 3. Sparkassentag in Weimar
gebildeten engeren Ausschuß berufen. Dieser Ausschuß hatte
auch die Aufgabe, die Bildung eines festgegliederten deutschen
Sparkassenverbandes vorzubereiten.

Der westdeutsche Verband wirkte schon durch die That=
sache seines Bestehens anregend und fördernd. Er fand mit
seiner Organisation Beachtung und Nachahmung. Er übte
Einfluß auf die Vermehrung der Pfennigsparkassen. Seiner

Initiative verdankte man die Verbesserung der Hypotheken-Sicherungsscheine. Das Institut der Uebertragbarkeit der Sparkasseneinlagen wurde wesentlich durch ihn gefördert. Mitglieder des westdeutschen Verbandes referirten auf dem Sparkassentag in Weimar über diese Institution der Uebertragbarkeit. Nach dem Weimarer Sparkassentag traten neue Mitglieder dem Verbande bei, darunter eine Kasse aus der Provinz Brandenburg und eine aus Württemberg. Weitere Sparkassen nahmen die Institution der Uebertragbarkeit an. Eine Generalversammlung des westdeutschen Verbandes hatte in Hamm am 4. April 1883 stattgefunden. Am 26. März 1884 hatte man beschlossen, eine Erweiterung des Vorstandes vorzunehmen und einen geschäftsführenden Ausschuß einzusetzen. Die Mitgliederzahl hatte sich von 56 auf 86 gehoben. Der Thätigkeit des Bürgermeisters v. Bock in Mülheim a. d. Ruhr verdankte man den Abschluß einer Vereinbarung mit dem Verband der Privat-Feuerversicherungs-Gesellschaften über zweckmäßigere und präcisere Fassung der Hypothek-Sicherungsscheine, der Anregung des Bürgermeisters Lange-Bochum die Erweiterung des Pfennigsparkassenwesens.

Auf dem Hannover'schen Städtetag vom 8. Mai 1884 wurde ein Hannover'scher Sparkassentag angeregt. Am 25. November 1884 war in Hannover ein Sparkassentag der Provinz Hannover zur Berathung des Reichspostsparkassen-Gesetzes und zur Erwägung, nach Vorgang des westdeutschen Verbandes einen Hannoverschen Sparkassenverband zu bilden. Der Vorstand des westdeutschen Verbandes wurde zu den Verhandlungen eingeladen und man beschloß, von der Bildung eines Provinzialverbandes abzusehen, aber den Hannoverschen Sparkassen den Anschluß an den westdeutschen Verband zu empfehlen. In der Frage der Uebertragbarkeit der Sparkasseneinlagen hat man in Hannover die Annahme dieser Institution nach den Düsseldorfer, vom westdeutschen Verband vertretenen Normen empfohlen. Ein besonderer Impuls aber wurde durch das Comité des deutschen Sparkassentages gegeben, welches sich einstimmig dahin aussprach, daß der westdeutsche Verband dazu angethan sei, zu einem deutschen Sparkassenverband sich zu erweitern. Der Ausspruch war von umso größerem Werth, als in diesem Comité früher die Meinung vertreten war, daß die von dem deutschen Sparkassentag geplanten Reformen des Sparkassenwesens wohl auch ohne eine feste Verbandsorganisation praktisch verwirklicht werden könnten.

Aus allem dem entnahm der westdeutsche Verbandsvorstand die formelle und sachliche Berechtigung zur Initiative für die Bildung eines deutschen Sparkassenverbandes. Ausschlaggebend war freilich der Umstand, daß die Einbringung einer Reichspostsparkassenvorlage in den Reichstag nahe bevorstand. Gegenüber der Einführung der Reichspostsparkassen war das Bedürfniß zum engeren Anschluß der Sparkassen aneinander zum lebhafteren Ausdruck gelangt. Es hatte sich die Ueberzeugung von der Nothwendigkeit gemeinsamen Vorgehens und gemeinsamer Abwehr Bahn gebrochen. Der Vorstand des westdeutschen Verbandes hegte das Vertrauen, daß diese Erkenntniß von der Gemeinsamkeit der Interessen aller Sparkassen Deutschlands, der öffentlichen wie der privaten, nicht wieder verloren gehen werde. Er wollte den gemeinsamen Interessen der deutschen Sparkassen das feste Fundament schaffen in der Organisation des deutschen Sparkassenverbandes.

§ 4. Der deutsche Sparkassenverband.

Die constituirende Versammlung des deutschen Sparkassenverbandes wurde am 6. Dezember 1884 abgehalten. Der Oberbürgermeister Hache-Essen bezeichnete es damals als die Aufgabe des Verbandes, 1. Beschlüsse zu fassen, die darauf abzielen, die aus der Concurrenz der Postsparkassen der weiteren Entwicklung des deutschen Sparkassenwesens drohenden Gefahren abzuwenden und zu mildern. Die Forderungen und Anträge sollten durch Vertreter der gesammten deutschen Sparkassen an die gesetzgebenden Faktoren herankommen. 2. die Verbesserung der Gestaltung des deutschen Sparkassenwesens.

„Die Verwaltungen der deutschen Sparkassen haben vielfach die eigentliche Aufgabe, um derentwillen sie ins Leben gerufen sind, die Sparbüchsen der geringeren Leute zu sein, nicht in der Weise zu erfüllen verstanden, wie die veränderten Zeitverhältnisse und die fundamentalen Umgestaltungen des Verkehrslebens und der sozialen Zustände es bedingen. Viele Sparkassen sind zu reichen, Gewinn bringenden Finanzinstituten der communalen Verbände oder der sonstigen Träger der Kassen geworden und darüber hat man den Ursprung der Sparkassen und ihren wesentlichen Zweck vielfach aus dem Auge verloren. Diese Thatsache hat die Reformbewegung gezeitigt, welche seit etwa 4 Jahren in Deutschland begonnen hat und zu deren Träger sich vorzugsweise der deutsche Sparkassentag gemacht hat."

Man dachte sich damals den deutschen Sparkassenverband als eine Organisation, neben welcher der deutsche Sparkassentag noch fortbestehen könne und werde. Der deutsche Sparkassentag hatte eine lose Gliederung, in jeder Jahresversammlung eine sehr wechselnde Zusammensetzung. Man dachte sich den Sparkassentag als eine Organisation zur Aussaat theoretischer wirthschaftlicher Erörterungen, den deutschen Sparkassenverband aber als das Organ für die praktische Ausgestaltung und wirksame Durchführung jener Ideen. In dieser Hinsicht kamen zur Fructificirung folgende Fragen in Betracht: 1 Die Uebertragbarkeit der Einlagen; 2. Die Errichtung von Pfennigsparkassen und Ausgabe von Sparmarken; 3. Die Errichtung möglichst vieler Annahme- und Ausgabestellen; 4. Die Einführung gesperrter Sparkassenbücher; 5. Die Vermehrung der Geschäftsstunden für Annahme und Auszahlung der Einlagen, namentlich für die arbeitende Bevölkerung; 6. Die Betheiligung der Sparer am Gewinn.

In der constituirenden Versammlung vom 6. Dezember 1884 war der Antrag angenommen worden: Die Generalversammlung des westdeutschen Sparkassenverbandes constituirt sich zu einem deutschen Sparkassenverbande auf Grundlage des bisherigen Verbandsstatuts, überträgt dem eingesetzten Vorstande die Aufgabe, die aus der Erweiterung des bisherigen Verbandes sich als nothwendig demnächst ergebende Umgestaltung des Verbandsstatuts bis zur nächsten Generalversammlung vorzubereiten und giebt dem Vorstande das Recht der Cooptation bis auf die im Statut vorgesehene Zahl von 24 Mitgliedern. S. Eff. Sparkasse 1884 No. 68.

§ 5. **Die Bildung provinzieller Sparkassenverbände.**

An demselben Tage, an welchem der westdeutsche Sparkassenverband sich zu einem deutschen Sparkassenverband constituirte, wurde zu Berlin die Bildung des Brandenburgischen Sparkassenverbandes vollzogen.

Am 17. Januar 1885 constituirte sich in Magdeburg ein Sparkassenverband der Provinz Sachsen, des Herzogthums Anhalt und der Thüringischen Staaten. Am 21. Februar 1885 constituirte sich zu Breslau der schlesische Sparkassenverband, am 29. Juni 1885 wurde in Stuttgart der Württembergische Sparkassenverband gebildet. Schon am 3. October 1883 war in Folge der verdienstvollen Thätigkeit des Oberbürgermeisters Kuntze-Plauen für das Königreich Sachsen ein sächsischer Sparkassentag ins Leben getreten. Soviel ersichtlich, hat letztmals am 9. April 1886 eine Versammlung des Württembergischen Verbandes stattgefunden. S. Eff. Sparkasse 1886 No. 103. Auch der sächsische Sparkassenverband, auf den man in Rücksicht auf den Gründer desselben, große Hoffnungen setzte, ist seit längerer Zeit inactiv. Ein sächsischer Sparkassentag ist vom Verband in Meißen abgehalten worden.

Auf Einladung der Sparkasse der Stadt Osnabrück war am 25. November 1884 der erste Hannoversche Sparkassentag in Hannover abgehalten worden. Man hatte damals beschlossen, den Verwaltungen der Sparkassen in der Provinz Hannover den Beitritt zu dem Verband der Sparkassen in Westdeutschland zu empfehlen, und der Sparkassendirektion in Osnabrück es zu überlassen, nach Zeit und Gelegenheit einen weiteren Sparkassentag nach Hannover zu berufen. Aber außerdem wurde die Stellung der Gemeinde- und Privatsparkassen zu der Vorlage über die Postsparkassen sehr eingehend auf diesem Sparkassentag erörtert, der Uebertragbarkeitsverkehr, die Vermehrung der Zahlstellen, die Ausgabe von Sparmarken, die Erleichterung der Ein- und Auszahlungen fand sachkundige Besprechung.

Das Bedürfniß, brennende Sparkassenfragen im Kreise betheiligter Sachverständiger zu besprechen, führte im Jahre 1886 die Vertreter von 25 Communalsparkassen aus dem nordwestlichen Theile der Provinz Hannover zusammen. Die Versammlung fand am 21. September 1886 in Ottersberg (zwischen Bremen und Hannover) statt. Damals erhielt der Vorstand den Auftrag, zu einer größeren Versammlung nach Bremen einzuladen und die Communalsparkassen der Regierungsbezirke Stade, Lüneburg, Hannover und Osnabrück auf den 21. Mai 1887 nach Bremen zu einer Conferenz zu berufen. Auf dieser Conferenz waren ca. 60 Sparkassenverwaltungen vertreten. Man beschäftigte sich mit einer Verfügung des Oberpräsidenten in Betreff der Anstellung eines Revisionsbeamten. Unter Bezugnahme auf Unregelmäßigkeiten in der Verwaltung der Communalsparkassen, namentlich aber in Folge der Katastrophe bei der Verdener Sparkasse wurde es für notwendig erachtet, daß ein von dem Oberpräsidenten zu erwählender Sachverständiger die einzelnen Sparkassen kontrollire und dem Oberpräsidenten über den Befund berichte. Die Kosten dieser Einrichtung sollten die Sparkassen tragen. Die Versammlung lehnte diesen Vorschlag ab. Man glaubte aber, daß die Einrichtung einer Kontrolle des Rechnungs- und Kassenwesens der Sparkassen durch einen oder mehrere sachverständige Sparkassenmänner erwünscht sei. „Manche Kommunalsparkassen sollen derselben thatsächlich bedürfen". Alle Sparkassen würden aus den Erfahrungen der Revisionsbeamten Nutzen ziehen. Die guten Einrichtungen einzelner Sparkassen würden den anderen mitgetheilt und eine allgemeine Verbesserung des Sparkassenwesens sei die Folge. Die Versammlung beauftragte den Vorstand, über die Einrichtung einer solchen Revision Vorschläge zu machen. Ohne ein Zusammengehen der Sparkassen sei eine solche Einrichtung nicht zu machen. Eine ganze Reihe gemeinsamer Angelegenheiten mache den provinziellen Zusammenschluß begehrenswerth, und zwar unter Anlehnung an den allgemeinen Sparkassenverband. Man beschloß demgemäß sämmtliche Kommunalsparkassen der Provinz einzuladen, damit sie sich zu einem Provinzialsparkassenverband zusammenschließen möchten. (Eff. Sparkasse 1887, No. 127, 128 S. 2. 3.

Auf dem 2. Hannoverschen Sparkassentag vom 7. Oktober 1887 waren 77 Sparkassen durch 100 Abgeordnete vertreten. Es wurde ein Sparkassenverband für die Provinz

Hannover gebildet, mit dem Zweck „die Interessen der Sparkassen in jeder Weise zu fördern". „Wir beabsichtigen, den Einfluß der Vertretung aller Sparkassen zunächst in der Weise zur Geltung zu bringen, daß Unordnungen und Unregelmäßigkeiten, wie sie ja bedauerlicherweise in den letzten Jahren bei einzelnen Sparkassen vorgekommen sind, künftig möglichst vermieden werden. Ferner werden wir unsern Einfluß dahin geltend machen, daß die den Sparkassen in neuerer Zeit durch den Erlaß regimineller Vorschriften, welche mit unseren Anschauungen nicht in Uebereinstimmung sich befinden, bereiteten Erschwerungen gemildert werden". Versammlungs-Protokoll, S. 6.

§ 6. **Das constructive Princip des deutschen Sparkassenverbands.**

Gleichzeitig mit der Bildung des Hannoverschen Sparkassenverbandes wurde eine überaus wichtige Principienfrage für den deutschen Sparkassenverband angeregt. Dieser deutsche Verband baute sich seither auf der Mitgliedschaft der einzelnen Sparkassen auf. In Folge vorheriger Vereinbarung wurde in die Statuten des Hannoverschen Sparkassenverbandes die Bestimmung aufgenommen: daß dieser Verband als solcher Mitglied des deutschen Sparkassenverbandes werde und im Vorstand des deutschen Sparkassenverbandes durch 2 Delegirte vertreten sei. Dementsprechend wurden auch die Statuten des deutschen Sparkassenverbandes auf der 6. Generalversammlung vom 8. Oktober 1887 in Hannover geändert. Man fügte in den § 2 nach dem Passus „Ebenso können Behörden sowie wirthschaftliche Verbände und Gesellschaften die Mitgliedschaft erwerben", die Worte ein: „namentlich Provinzial- oder Landesverbände von Sparkassen". Daran schlossen sich neue Bestimmungen über die Vertretung des Provinzialverbandes im Vorstande und über die Verpflichtung zum Bezug des Verbandsorgans. In dem Bericht über die Generalversammlung des deutschen Sparkassenverbandes vom 11. Oktober 1888 wird das Verhältniß, welches zwischen dem Hannoverschen Sparkassenverband und dem allgemeinen Verband bestand, als „Cartell" bezeichnet.

Das constructive Prinzip des deutschen Sparkassenverbandes bestand bisher in dem Aufbau auf der direkten Mitgliedschaft der einzelnen Sparkassen. Mit der Aufnahme des Hannoverschen Sparkassenverbandes als solchen wurde dieses Prinzip verlassen Die Statuten des Verbandes waren ein Produkt historischer Entwicklung. Man mochte aus begreiflicher Pietät sich nicht entschließen, das ursprüngliche Prinzip gänzlich aufzugeben und so standen nunmehr innerhalb des deutschen Sparkassenverbandes einerseits einzelne Sparkassen, andererseits die dem deutschen Verbande beigetretenen Sparkassenverbände als Mitglieder nebeneinander.

§ 7. **Planmäßige Organisation der Verbandsrevisionen.**

Der Hannoversche Sparkassenverband faßte sofort in seiner constituirenden Versammlung einen überaus wichtigen Beschluß. Er erachtete es sowohl im allgemeinen Interesse des Hannoverschen Sparkassenwesens als im Interesse der betreffenden einzelnen Sparkassen für erforderlich, verbandsseitig eine Einrichtung zu treffen, durch welche für die einzelnen, dem Verbande angehörigen Sparkassen die Vornahme besonderer Revisionen durch einen oder mehrere vom Verbande contraktlich anzunehmende und unbetheiligte Revisoren beibehalten werde. „Die Vornahme solcher Revisionen soll für die dem Hannoverschen Sparkassenverbande angehörigen Sparkassen nicht ohne Weiteres eintreten, sondern durch eine bezügliche Anmeldung bei dem Vorstande seitens derjenigen Kasse, für welche eine solche Revision gewünscht wird, bedingt sein. Dabei bleibt den einzelnen Kassen in von dem Vorstande näher zu bestimmender Weise ein Rücktritt von der durch die Anmeldung bezüglich der vorzunehmenden Revision begründeten Verpflichtung freigestellt." Der Vorstand wurde mit der weiteren Ausführung beauftragt. Bei derselben sollte darauf Bedacht genommen werden, daß den einzelnen betheiligten Sparkassen in Bezug auf die durch die Revision erwachsenden Kosten thunlichst Erleichterungen gewährt, insbesondere ein Theil der fraglichen Kosten auf die Verbandskasse übernommen

würde. Versammlungsprotokoll, S. 14. S. auch Eff. Sparkasse 1887 No. 127, 128, 129, 130.

Der Hannoversche Sparkassenverband hat sich durch die
planmäßige Organisation der Verbandsrevisionen, die im Laufe
der Zeit zu immer größerer Vollkommenheit gediehen sind,
ein erhebliches Verdienst erworben. Die staatlichen Revisionen
blieben neben diesen Verbandsrevisionen bestehen. Die Verbandsrevisionen beruhen auf dem Princip der Selbstverwaltung.
Es hat sich ergeben, daß auch für die bestorganisirten und
bestverwalteten Kassen diese Verbandsrevisionen von Wichtigkeit
sind. In den Protokollen der Hannoverschen Sparkassentage
findet sich in Betreff der Revisionen ein überaus reiches, für
alle deutschen Sparkassen lehrreiches Material.

§ 8. Die Differenzpunkte innerhalb des deutschen
Sparkassenverbandes.
Der Brandenburgische Sparkassenverband.

Die Mitgliederzahl des deutschen Sparkassenverbandes
wuchs bis in die 2. Hälfte des Jahres 1885. Dann trat eine
Differenz mit dem Brandenburgischen Sparkassenverband
(unter Führung von Dullo) ein und seitdem stagnirte der
deutsche Sparkassenverband. Den Ausgangspunkt der Differenz
bildete das Verhalten gegenüber dem Postsparkassengesetzentwurf. Dullo hatte einen Entwurf ausgearbeitet, betreffend
die Vermittlung des deutschen Sparkassenverkehrs durch die
Postverwaltungen und diesen Entwurf mit Motiven versehen.
— Eff. Sparkasse 1885, No. 72. Er verlangte, daß der Ausschuß des deutschen Sparkassenverbandes diesen Entwurf mit
einem befürwortenden Verbandsantrag an den Reichstag ge-
langen lassen möchte. Der Ausschuß entsprach diesem Wunsche
nicht, weil er dazu keine Legitimation habe, sich vielmehr in
Widerspruch setzen würde mit den diesbezüglichen Beschlüssen
von Hannover und Dortmund.

In den folgenden Jahren wurden die mannichfachsten
und aufrichtigsten Versuche gemacht, diese Gegensätze auszu-
gleichen. „Die bekannten Conflikte zwischen den östlichen und
westlichen Verhältnissen" verhinderten zunächst, daß im Jahre

1886 ein deutscher Sparkassentag stattfand, der ursprünglich gleichzeitig mit der Versammlung des Vereins für Armenpflege und Wohlthätigkeit stattfinden sollte.

In der ersten Zeit schienen die Bestrebungen des Brandenburgischen Sparkassenverbandes einen erheblichen Erfolg nicht zu erzielen. Man hatte am 30. Januar 1886 den Beschluß betreffend die Bildung eines allgemeinen deutschen Sparkassenverbandes gefaßt und ein Rundschreiben an die einzelnen Provinzialverbände ergehen lassen. Aber der westdeutsche Verband (deutscher Sparkassenverband) verhielt sich durchaus ablehnend, andere machten Bedenken geltend. Die Versammlung des 3. Brandenburgischen Sparkassentags vom 11. Juli 1887 beauftragte den Vorstand, mit den übrigen Verbänden im Sinne der Bildung eines allgemeinen deutschen Sparkassenverbandes weiter zu verhandeln. Ess. Sparkasse 1887, No. 129. Aber der Hannoversche Sparkassenverband beschloß, wie oben berichtet, in seiner constituirenden Versammlung vom 7. Oktober 1887 die Anlehnung an den bestehenden deutschen Sparkassenverband. In demselben Sinne entschied sich noch der 3. schlesische Sparkassentag vom 29. März 1890.

Der alte deutsche Sparkassenverband blieb bemüht, seinen Mitgliedern neben den ideellen Vortheilen auch materielle zu sichern. Es gelang dem Ausschuß, durch Vorverhandlungen der Errichtung einer Centralstelle für den praktischen Geschäftsverkehr der Sparkassen in der Richtung näher zu treten, daß die Verbandsmitglieder durch Vermittlung des „Syndikats" Gelegenheit haben sollten, zu einem außergewöhnlich billigen Provisionssatz sparkassensichere Effekten bei einem ersten Bankinstitut in Berlin zu kaufen und zu verkaufen. Ess. Sparkasse 1887, No. 121, 122.

Das Sparkassen-Syndikat beabsichtigte „die Geschäfte einer Centralstelle anzubahnen". Es erklärte sich bereit: 1. Hypothekengesuche entgegenzunehmen, dieselben vorzuprüfen und nach Landgerichtsbezirken unter den Sparkassen zu vertheilen; 2. den Ankauf und Verkauf von Staats- und Communalpapieren zu vermitteln und Gutachten über Effekten zu ertheilen, auch direkt zwischen kaufenden und verkaufenden Sparkassen zu vermitteln; 3. den Geldverkehr unter den Sparkassenverwaltungen zur billigsten Abwicklung aller Geldgeschäfte unter Benützung des Checkverkehrs der Reichsbank zu vermitteln; 4. Auskunft und Gutachten in Sparkassenangelegenheiten zu ertheilen. Für alle diese Funktionen sollten nur die Baarauslagen berechnet werden. S. Eff. Sparkasse 1887, No. 127, S. 9, Annonce, insbesondere auch ib. No. 136.

Der um die Reform des Sparkassenwesens hochverdiente Syndikus des Syndikats, Dr. Heyden, präcisirte schärfer das nächste Programm der Reformthätigkeit, indem er namentlich auf die Errichtung der Alterssparkassen, auf die damit in Verbindung stehende Frage der gesperrten Sparkassenbücher, auf die Errichtung der Schulsparkassen und auf die Gewährung von amortisablen Hypotheken hinwies. S. Eff. Sparkasse 1887, No. 136 und passim.

Das Verbandsorgan stand dem Postsparkassengesetzentwurf nicht principiell feindlich gegenüber. Diese Thatsache verschärfte den Gegensatz, der in der Broschüre von Dullo „Weg mit den Postsparkassen" Ausdruck erhielt. Der Brandenburgische Sparkassenverband ignorirte fortan den Bestand des deutschen Sparkassenverbandes als solchen. Er wollte einen großen deutschen Sparkassenverband, beruhend auf den Landes- und Provinzialverbänden, während der ältere deutsche Sparkassenverband auch die direkte Betheiligung der Sparkassen zuließ. Der Brandenburgische Sparkassenverband wollte ferner den Sitz des großen deutschen Sparkassenverbandes in Berlin. So vereinigten sich die Differenzpunkte in Betreff des Postsparkassengesetzentwurfs mit principiell verschiedenen Gesichtspunkten in Betreff der Organisation des deutschen Sparkassenverbandes. S. auch Eff. Sparkasse 1886 Beilage zu No. 105, S. 2, 3. Der alte Verband berief sich auf das Recht „der historischen, materiellen und intellectuellen Priorität." Es war ihm unerfindlich, „warum noch ein 2. deutscher Sparkassenverband gegründet werden sollte." Der Brandenburgische Verband betonte, daß der deutsche Sparkassenverband in seiner dermaligen Gestaltung kaum mehr sei als ein Verein, der sich auf verschiedene Provinzen erstrecke, er sei ein unnatürliches Gebilde und könne sich deshalb nicht lebenskräftig entfalten, weil ihm das Verbindungsglied, der Zusammenschluß einzelner

Vereine zu einem territorialen Unterverbande (Provinzialverbande) fehle. Diese Provinzialverbände, nicht die einzelnen Sparkassen müßten die ausschließliche Grundlage des allgemeinen deutschen Sparkassenverbandes sein. S. auch Eff. Sparkasse 1889, No. 187. In wiederholten Delegirtenconferenzen minderten sich die Gegensätze und eine friedliche Ausgleichung schien insbesondere Dank den Bemühungen des auf dem Gebiete des Sparkassenwesens unermüdlich thätigen Oberbürgermeisters von Osnabrück, Möllmann, sich anzubahnen. Zwei Jahre hindurch schwebten die Verhandlungen. Die Verzögerung eines Ausgleichs schädigte die Bestrebungen der Sparkassenreform, verzögerte die Bildung von Provinzialverbänden und den Beitritt von Mitgliedern. Die Ueberzeugung, daß die von dem Brandenburgischen Verband angeregten organisatorischen Grundlagen den im alten deutschen Sparkassenverband gegebenen vorzuziehen seien, gewann an Boden. S. Eff. Sparkasse 1888 No. 152, 162, 1889 No. 175, S. 3, 1889 No. 184. Hartnäckig umstritten wurde insbesondere auch der § 11 des Verbandsstatuts, welcher bestimmte, daß der Sitz des Verbandes in Essen, zum mindesten „bis auf weiteres" verbleiben solle. S. auch Eff. Sparkasse 1889, No. 185, 187, 1890, No. 191. An Nachgiebigkeit und an dem ernsten Willen der Einigung im Interesse der Sache hat es auf beiden Seiten unverkennbar nicht gefehlt. Endlich wurde auf Grund eines Compromisses eine Einigung hergestellt.

Am 10. Mai 1889[1]) kam zwischen dem Ausschuß des deutschen und Delegirten des Brandenburgischen Verbandes in Braunschweig ein Abkommen zu Stande, nach welchem der deutsche Verband in der Essener Form zwar bestehen bleiben sollte, die Provinzialsparkassenverbände aber das Recht erhielten, dem Verbande ebenfalls als Mitglieder beizutreten. Aber man sagte sich schon damals, daß eine Gliederung des Verbandes nach Einzelsparkassen und nach Unterverbänden auf die Dauer unmöglich und daß das Abkommen nur ein Uebergang zu der von Brandenburg gewünschten Organisation des

---

[1]) S. generell zum nachfolgenden den vortrefflichen Bericht von Direktor Drape, erstattet in der Generalversammlung des Deutschen Sparkassenverbandes vom 21. Oktober 1893.

deutschen Verbandes auf Grundlage der Provinzialsparkassen=
verbände sei. Das Compromißstatut, das infolge jenes Braun=
schweiger Abkommens von dem deutschen Verbande ange=
nommen wurde, blieb nur kurze Zeit in Kraft.

Auf Grund des neuen Statuts fand die Generalver=
sammlung des deutschen Sparkassenverbands zu Hannover am
11. Oktober 1890 statt und schon hier ergab sich, daß der im
Verbande vorhandene Dualismus von Einzelsparkassen und
Provinzialverbänden völlig unhaltbar sei, schon deshalb, weil
das Stimmenverhältniß der Einzelsparkassen gegenüber den
Provinzialsparkassenverbänden so unglücklich geregelt war, daß
z. B. die große Anzahl der Einzelsparkassen der Provinzen
Rheinland und Westphalen bezüglich der Stimmenzahl hinter
einem Verbande der östlichen Provinzen zurücktreten mußte.
Infolge dieser eigenthümlichen Ordnung des Stimmenverhält=
nisses wurde nicht Hannover, wie vielseitig vorgeschlagen war,
sondern Berlin als Sitz des Verbandes gewählt. Dr. Heyden
hatte schon früher erklärt, daß er den Beschluß einer Verlegung
des Wohnsitzes von Essen als einen Verzicht auf seine weitere
Mitwirkung ansehe und er blieb bei dieser Erklärung auch
nach Gegenvorstellungen, daß der Wohnsitz „auf dem Papier"
ja ohne Bedeutung und nur als Zugeständniß für die anderen
Verbände aufzufassen sei. In der Generalversammlung zu
Hannover theilte er mit, daß er sein Verhältniß zum Verband
gekündigt habe. Er werde aber auch weiter in der Lage sein,
für die Entwicklung des Sparkassen= und Verbandswesens zu
wirken. Eff. Sparkasse 1890 No. 200, 207, S. 367, Hannoversche
Sparkasse 1891, S. 3, 1892 S. 33 fgde.

Die Generalversammlung bedeutet einen Abschluß in
der Geschichte des Verbandes insofern sie ältere Verhältnisse
löste und für die Gestaltung der Verbandsorganisation neue
Bahnen eröffnete. Die Verlegung des Wohnsitzes hatte keine
unmittelbare praktische Bedeutung Die Zusammensetzung des
Vorstandes und Ausschusses wurde keine wesentlich andere.
Der Schwerpunkt der Verbandsthätigkeit ist nach Hannover
verlegt worden durch die Uebersiedelung des Verbandsorgans.
Der bisherige Herausgeber des Verbandsorgans ist weiter
schriftstellerisch thätig, indem er das volkswirthschaftliche Finanz-

blatt „Die Sparkasse", freies Organ für die deutschen Sparkassen, redigirt.

§ 9. Der neue deutsche Sparkassenverband. Statistik.

Vom Vorstand wurde beschlossen, für den deutschen Sparkassenverband nun eine anderweite Organisation zu schaffen, ihn auf den Landes- und Provinzialverbänden aufzubauen. Dies wurde nach eingehender Berathung in der Generalversammlung zu Berlin am 12. März 1892 genehmigt. Die Organisation des deutschen Sparkassenverbandes war damit eine wesentlich andere. Der Verband gliedert sich nach Unterverbänden, deren Grenzen mit denen der deutschen Bundesstaaten oder denjenigen von Provinzen oder sonstigen Verwaltungsbezirken dieser Staaten zusammenfallen müssen. Er baut sich auf den Einzelverbänden auf, nicht mehr auf den Einzelsparkassen. Zugelassen ist noch die direkte Mitgliedschaft solcher Sparkassen, für deren Bezirk ein Unterverband nicht besteht, oder welche nicht berechtigt sind, dem bestehenden Unterverbande beizutreten. Es ist aber die Bestimmung getroffen, daß seitens des Vorstandes auf die Bildung des Unterverbandes hingewirkt werden muß, sobald dem Verbande aus einem Bezirk, in welchem ein Unterverband nicht besteht, mindestens 15 öffentliche Sparkassen angehören. Die Zulassung der Einzelsparkassen als directe Mitglieder ist deßhalb gleichsam als Ausnahme und als etwas Vorübergehendes anzusehen. Das Stimmenverhältniß der Unterverbände und der Einzelsparkassen ist im Statut genau abgegrenzt.

Der Verband hatte trotz entgegenstehender Hindernisse im Jahre 1891 Fortschritte gemacht. Dem Verbande gehörten vor 1891 an: 5 Sparkassenverbände, nämlich der Hannoversche, Brandenburgische, Schlesische, Ost- und Westpreußische, Württembergische und eine größere Anzahl von Einzelsparkassen aus Rheinland und Westphalen, daneben vereinzelte Sparkassen aus anderen Landestheilen. Im Jahre 1891 hat sich der neue Rheinisch-Westphälische Sparkassenverband gebildet.

Der Verbandsausschuß hatte eine Sitzung in Berlin am 21. Februar 1891 und eine solche in Hannover am 12. Dez.

1891 abgehalten Es wurde in diesen Sitzungen verhandelt:

a) die Frage der anderweiten Organisation des Verbandes, mit dem Resultat des Entwurfs der Satzungen,

b) über das weitere Vorgehen behufs Regelung der Pensions- und Reliktenverhältnisse der Sparkassenbeamten,

c) über die Einrichtung der sogenannten Vermittlungsanstalt in Berlin behufs Ausführung finanzieller Operationen. Es kamen die Verhandlungen mit einem größeren Berliner Institut, der Darmstädter Bank für Handel und Industrie, zum Abschluß. Der Grundgedanke war derselbe wie beim Abschluß der Vereinbarung des Essener Syndikats mit der deutschen Genossenschaftsbank. Inzwischen kam auch ein Antrag des Brandenburgischen Verbandes ein: Dem deutschen Verbande zur Erwägung zu geben, ob die Einrichtung einer Centralstelle für den Geldverkehr der Sparkassen sich empfehlen würde? Dieser Antrag war durch das Abkommen mit dem Berliner Bankinstitut nicht beseitigt. Der Antrag ging weiter und bewegte sich in anderer Richtung. Es war gemeint, daß die Sparkassen aus sich heraus ein Institut schaffen, das einen behördlichen Charakter habe, unter Staatsaufsicht stehe und so eingerichtet sei, daß alle Sparkassen demselben ihre Baarbestände resp. ihre Werthpapiere ganz oder zum Theil anvertrauen könnten. Hannoversche Sparkasse l. c.

Am Schluß des Jahres 1891 gehörten dem deutschen Sparkassenverbande an: der Rheinisch-Westphälische, der Hannoversche, Brandenburgische, Ost- und Westpreußische und der Schlesische Verband mit einem Gesammteinlagebestand von rund M. 1,353,407,000, sowie 67 Einzelsparkassen mit einem Gesammteinlagebestand von rund M. 500,000,000. Der Rheinisch-Westphälische Sparkassenverband hatte sich als Unterverband des deutschen Sparkassenverbandes am 14. März 1891 in Köln constituirt. Eff. Sparkasse 1891, No. 2 S. 19, Hannoversche Sparkasse 1891, S. 3/4.

Im Jahre 1892 traten neu hinzu: der am 28. Mai 1892 gegründete Posensche Sparkassenverband (Hannoversche Sparkasse 1892 S. 325), der am 2. November 1892 in Halle a. S. constituirte Sächsisch-Thüring. Sparkassenverband (ib. S. 354).

Im Mai 1892 trat die Berliner Sparkasse aus dem Brandenburger Sparkassenverband. Sie machte ihren Wiederanschluß davon abhängig, daß der Brandenburgische Verband aus dem deutschen Sparkassenverband ausscheide. Der Brandenburgische Verband blieb aber im deutschen Sparkassenverband. Hann. Sparkasse 1892, S. 325.

Am Schlusse des Jahres 1892 gehörten dem deutschen Verbande an:

1. Der Rheinisch-Westphäl. Sparkassenverband mit 94 Sparkassen und einem Einlagebestand von M. 418,000,000,
2. der Hannoversche Sparkassenverband mit 136 Sparkassen und einem Einlagebestand von M. 428,000,000,
3. der Brandenburgische Verband mit 53 Sparkassen und einem Einlagebestand von M. 137,000,000,
4. der Schlesische Verband mit 67 Sparkassen und einem Einlagebestand von M. 238,000,000,
5. der Ost- und Westpreußische Verband mit 23 Sparkassen und einem Einlagebestand von M. 54,000,000,
6. der Posensche Sparkassenverband mit 46 Sparkassen und einem Einlagebestand von M. 35,000,000,
7. der Sächsisch-Thüringische Verband mit 43 Sparkassen und einem Einlagebestand von M. 212,000,000,

sowie 45 Einzelsparkassen mit einem Einlagebestand von M. 395,000,000,

also Einzelverbände mit 462 Sparkassen und M. 1,523,000,000 Einlagen und 45 Einzelsparkassen mit M. 395,000,000 Einlagen, mithin insgesammt 507 Sparkassen mit einem Einlagebestand von M. 1,918,000,000. Von den rund 1400 Sparkassen des preußischen Staates gehörten dem Verbande etwas mehr als ein Drittel an und von dem Einlagebestand — 3500 Millionen — ist bereits mehr als die Hälfte in ihm vertreten.

Im Jahre 1892 fanden 3 Generalversammlungen des deutschen Sparkassenverbandes statt, am 30. Januar zu Hannover, am 12. März und am 22. Oktober zu Berlin Die Generalversammlungen in Hannover vom 30. Januar und in Berlin vom 12. März beschäftigten sich ausschließlich mit der Neuorganisation des Verbandes und der Berathung des neuen Verbandsstatuts. Die Generalversammlung in Hannover war nicht beschlußfähig gewesen, diejenige in Berlin genehmigte das neue Verbandsstatut und wählte im Anschluß daran den Vorstand neu.

In der Generalversammlung vom 22. Oktober wurde unter anderem verhandelt über

a) die neuen Erhebungsformulare über den Geschäfts=
betrieb und die Ergebnisse der Sparkassen,

b) die Einrichtung einer Centralstelle für den Geldverkehr der Sparkassen,

c) die Regelung der Pensionsverhältnisse der Sparkassen=
beamten und ihrer Reliften und

d) die Beleihbarkeit der von der Reichsbank als lombard=
fähig bezeichneten Werthpapiere.

§ 10. Centralstelle für den Geldverkehr der Sparkassen.

Auf Grund der Verhandlungen über die Errichtung einer Centralstelle für den Geldverkehr der Sparkassen richtete im Januar 1893 der Ausschuß des Verbandes an die Vorstände der Provinzialverbände im Königreich Preußen ein Circular und ersuchte um thatkräftige Unterstützung der Organe der Provinzialsparkassenverbände in Betreff der Klärung dieser Frage. Man wünschte zu wissen:

ob es mit Rücksicht auf die fortschreitende Entwicklung der Sparkassen für geboten oder doch für nützlich zu erachten ist, auf die Einrichtung eines Instituts hinzustreben, das geeignet ist, den Geldverkehr der Sparkassen zu vermitteln und in Zeiten von Geldkrisen die nöthigen Mittel für die Sparkassen flüssig zu machen und ob der Vorstand es für ausführbar halte, eine Centralstelle so einzurichten und mit Geldmitteln auszustatten, daß sie den in Zeiten von Krisen an sie herantretenden Forderungen der Sparkassen gerecht zu werden vermöge.

In einem gewissen, wenn auch nur losen Zusammenhang mit der Frage stehe diejenige über die Beleihbarkeit der von der Reichsbank als lombardfähig bezeichneten Werthpapiere von Seiten der Sparkassen. Der Antrag des Referenten in

der Generalversammlung war dahin gegangen, die Staats=
regierung zu ersuchen, es möchte den Sparkassen gestattet
werden, jene nichtdeutschen Papiere beleihen zu dürfen, die
seitens der Reichsbank beleihungsfähig sind. In dem Circular
wurde darauf hingewiesen, daß es einer größeren Anzahl von
Sparkassen heute noch nicht gestattet sei, auch nur sämmtliche
von der Reichsbank als lombardfähig bezeichneten deutschen
Papiere zu beleihen und es wurde die Frage angeregt, ob es
nicht richtiger sei, in erster Reihe die Abstellung dieses Uebel=
standes anzustreben. Hannoversche Sparkasse 1893 S. 49, 50.

Auf Grund des Rundschreibens des Ausschusses des deutschen
Sparkassenverbands beschäftigte sich der Vorstand des Han=
noverschen Sparkassenverbandes in der Sitzung vom 10. März
1893 mit der Frage der Errichtung einer Centralstelle für den
Geldverkehr der Sparkassen, und kam zu folgendem Resultat:

1. Der Vorstand hält die Errichtung einer Centralstelle
für erwünscht:

a. um das in den Einzelsparkassen zeitweise vorhandene
und nutzlos daliegende Kassenplus aufzunehmen, den
Bedarf bei anderen Sparkassen damit zu decken oder
es sonst nutzbar anzulegen, und

b. um für die Sparkassen den Ankauf und Verkauf von
Werthpapieren zu vermitteln.

2. Für unausführbar wird es gehalten, eine Centralstelle
so einzurichten, daß sie in Zeiten allgemeiner Geldkrisen (Krieg)
den Einzelsparkassen die erforderlichen baren Gelder verschaffen
kann. Es ist nach Ansicht des Vorstandes unmöglich, daß eine
auch noch so gut fundirte Centralstelle dies leisten kann. In
Zeiten allgemeiner Krisen müssen nach Ansicht des Vorstandes
die Ansprüche nicht centralisirt, sondern lokalisirt werden. Jede
Sparkasse muß die ihr nach Ort und Gelegenheit zugänglichen
Kreditquellen flüssig zu machen und sich das nöthige Geld zu
verschaffen suchen. Hannoversche Sparkasse 1893, S. 81.

3. Der Vorstand hält es für erwägenswerth, ob es sich
etwa empfehlen möchte, an Stelle eines Centralinstitutes für

das ganze deutsche Reich die Errichtung je einer Centralstelle für kleinere geographische Bezirke (etwa für die Bezirke der Provinzialsparkassenverbände) ins Auge zu fassen.

Der Vorstand des Posenschen Verbandes beschloß in der Sitzung vom 18. Februar 1893:

Der Vorstand hält es für wünschenswerth, auf die Einrichtung eines Instituts hinzustreben, das geeignet ist, den Geldverkehr der Sparkassen zu vermitteln und den Sparkassen zur Flüssigmachung der erforderlichen Mittel behilflich zu sein. Das Institut dürfte seiner Aufgabe der Geldvermittlung um so besser gerecht werden können, auf ein je größeres Gebiet es sich räumlich erstreckt, am wünschenswerthesten wäre also eine Centralstelle für alle deutschen (oder mindestens preußischen) Sparkassen. Der Vorstand glaubt nicht, daß ein derartiges Institut im Falle schwerer Geldkrisen (namentlich in Kriegszeiten) die Sparkassen vor allen Verlusten und Zahlungsschwierigkeiten bewahren könne, hält es jedoch für normale Zeiten und selbst für kleinere Krisen im Interesse der Sparkassen liegend und befürchtet für die Zeit schwerer Krisen mindestens keine Gefahr für die Sparkassen von einem solchen Centralinstitut, sofern sich dasselbe auf die Garantie des Reiches oder Staates oder die Solidarhaft der Sparkassen stützt.

In der Sitzung des Vorstandes des Rheinisch-Westphälischen Verbandes vom 18. März 1893 wurde dasselbe, wie oben beschlossen. Für rathsam wird es gehalten, die nöthigen Verhandlungen mit der Königlichen Staatsregierung einzuleiten, bevor man sich in Verhandlungen mit den Einzelsparkassen wegen ihrer demnächstigen Theilnahme an dem Centralinstitute einläßt. Hannoversche Sparkasse, S. 97, insbesondere auch S. 202.

In der Vorstandssitzung des Brandenburger Sparkassenverbands vom 3. Mai 1893 einigte man sich wegen der Centralstelle zu folgendem Beschluß:

Der Vorstand ist zwar nicht der Meinung, daß die geplante Centralstelle eine unbedingte Sicherheit dafür gewähren würde, daß sie in der Lage sein wird, allen in kritischen Zeiten an sie herantretenden Anforderungen gerecht zu werden, es wird aber anerkannt, daß ein mit bedeutenden Mitteln arbeitendes, mit dem großen Geldmarkt in Verbindung stehendes Institut wohl geeignet ist, zur Milderung von Geschäftskrisen wesentlich beizutragen. Aus diesem Grund und weil daneben von dem Institut auch in ruhigen Zeiten eine Verbilligung des Geldverkehrs der Sparkassen zu erhoffen steht, spricht sich der Vorstand für die Errichtung eines Centralinstituts aus, vorausgesetzt, daß die demnächst vom deutschen Sparkassenverbande unter Zuziehung von Banksachverständigen vorzunehmenden Feststellungen die technische Durchführbarkeit und Lebensfähigkeit ergeben. Hannoversche Sparkasse 1893, S. 166.

In der Ausschußsitzung des deutschen Sparkassenverbandes vom 8. Juli 1893 wurde beschlossen, das gesammte vorliegende Material in Betreff der Errichtung eines Centralinstituts für den Geldverkehr der Sparkassen zwei auf dem Gebiete des Bankwesens erfahrenen Herren zu unterbreiten, um sich gutachtlich darüber zu äußern, ob es nach Lage der Verhältnisse thunlich sei, mit Aussicht auf Erfolg ein Centralinstitut für den Geldverkehr der Sparkassen ins Leben zu rufen, das den Sparkassen nützen und sich auf die Dauer lebensfähig erhalten könne. Hann. Sparkasse, 1893, S. 222 Diese Gutachten waren bis zur Generalversammlung vom 21. Oktober 1893 noch nicht eingegangen.

In Folge der Anregung des Verbandsvorstandes haben sich die einzelnen Provinzialsparkassenverbände auch für die Regelung der Pensionsfrage der Sparkassenbeamten interessirt und diese Angelegenheit gefördert.

In Betreff der Beleihbarkeit der von der Reichsbank als lombardfähig bezeichneten Werthpapiere seitens der Sparkassen standen die meisten Provinzialverbände auf dem Standpunkt, daß es den Sparkassen gestattet werden müsse, mindestens alle deutschen Papiere, die von der Reichsbank als lombardfähig erklärt sind, auch ihrerseits in angemessener Höhe zu beleihen.

Zum Schluß seines vortrefflichen Berichtes, den der bewährte Geschäftsführer des deutschen Sparkassenverbandes der Generalversammlung vom 21. Oktober 1893 in Berlin erstattete, bemerkt derselbe: Sie werden aus dem Vorgetragenen entnommen haben, daß die Arbeit im Verbande in dem verflossenen Jahre nicht geschlummert hat, daß vielmehr alle Organe bestrebt gewesen sind, die neue Form, die wir angenommen, mit frischem Leben zu erfüllen und den Aufgaben gerecht zu werden, die unter dem raschen Wechsel unserer wirthschaftlichen und sozialen Verhältnisse auch auf dem Gebiete des Sparkassenwesens in stetem Wachsen begriffen sind.

Ein Theil dieser Aufgaben ist alt. Sie bestehen vor allem in der kräftigen Unterstützung der Aufsichtsbehörden, den Sparkassen ihren ursprünglichen und bedeutungsvollsten Zweck, die Sparbüchse des kleinen Mannes zu sein, nicht nur zu erhalten, sondern sie diesem Zweck immer dienstbarer zu machen Und zur Bethätigung dieser Unterstützung ist der Ausschuß denn auch unausgesetzt bestrebt, im Einvernehmen mit den Aufsichtsbehörden die inneren Einrichtungen der Sparkassen zu verbessern, auf eine fachmännische und sorgfältige Revision derselben hinzuwirken, und die Sparkassen durch die Vermehrung ihrer Geschäftsstunden, durch Errichtung von Annahmestellen, durch die Einführung von gesperrten Sparkassenbüchern, von Miethsparkassenbüchern u. s. w. dem Publikum immer dienstbarer zu machen.

Andere Aufgaben sind neu; sie sind herausgewachsen aus den veränderten Zeitverhältnissen und der Umgestaltung unseres wirthschaftlichen und sozialen Lebens. Sie bedürfen der sorgsamsten Prüfung und gründlichsten Vorbereitung, ja manche werden zu ihrer Durchführung der Hilfe der Gesetzgebung nicht entbehren können. Fast alle aber sind nur zu lösen, wenn sich die Vertreter aller Sparkassen zu gemeinsamer Arbeit die Hände reichen und in gemeinsamem Streben an der Vervollkommnung unseres Sparkassenwesens arbeiten, getragen von dem Bewußtsein, gerade in dieser Thätigkeit wirksame Mitarbeiter zu sein an den großen Aufgaben unserer Zeit und unseres Volkes".

§ 11. **Sparkassengesetz für Preußen.**

Es ist in Ergänzung dieser beherzigenswerthen Worte zu bemerken, daß in Preußen die Gesetzgebung seit der Königlichen Verordnung vom Jahre 1838 mit dem Sparkassenwesen nicht mehr befaßt worden ist und diejenigen Länder, welche 1866 in Preußen einverleibt sind, zum Theil gar keine Sparkassengesetze haben, wie z. B. die Provinz Hannover. Im Jahre 1838 aber haben die Einlagen in den preußischen Sparkassen 18 Millionen Mark betragen, im Jahre 1892: 3500 Millionen.

Bemerkenswerth ist auch, daß die immerhin bedeutsame, schon aus dem bisher Gesagten sich ergebende Reformthätigkeit auf dem Gebiete des Sparkassenwesens in Preußen ohne jede Mitwirkung der Gesetzgebung, wesentlich aus der Initiative der Sparkassen selbst, sich vollzogen hat.

Die Möglichkeit, daß ein Sparkassengesetz für Preußen erlassen wird, hat bereits eine rege Thätigkeit der in dem Verband befindlichen Sparkassen und überaus interessante Erörterungen veranlaßt. Die Steuercommission des preußischen Abgeordnetenhauses hat den Antrag gestellt:

> Königliche Staatsregierung zu ersuchen, baldmöglichst einen Gesetzentwurf vorzulegen, welcher die Errichtung und den Geschäftsbetrieb der Sparkassen regelt.

Hierauf lautete die Erklärung der Regierung:

> Der Erlaß eines Sparkassengesetzes, über welches im Staatsministerium schon verhandelt werde, sei dringend wünschenswerth. Aufgabe desselben werde es sein, den Communen rein gewerbliche Geschäfte ihrer Sparkassen zu verbieten. Hannoversche Sparkasse 1893, S. 170.

Wie die geistige Bewegung auf dem Gebiete des Sparkassenwesens, insbesondere in Preußen, wesentlich mitveranlaßt und gefördert worden ist durch die zuerst in Aussicht stehende, dann thatsächlich erfolgte Vorlage des Entwurfs eines Reichspostsparkassengesetzes, so wird sie derzeit und vielleicht für die nächsten Jahre durch das in Aussicht stehende Sparkassengesetz für Preußen angeregt.

Schon der Hannoversche Städtetag in Lüneburg vom 26. Juni 1893 und sodann die Generalversammlung des deutschen Sparkassenverbandes vom 21. Oktober 1893 sind der sachgemäßen gesetzlichen Regelung des Sparkassenwesens gewidmet.

2. Kapitel.

Der Grundgedanke der Reformbewegung.

§ 12. Die Selbsthilfe als treibende Kraft der Reformbewegung.

Die geistige Bewegung auf irgend einem Gebiete menschlicher Thätigkeit pflegt, meist ganz unbewußt, in gewissen Stichworten sich einen prägnanten Ausdruck zu verschaffen. Diese Stichworte bilden dann gleichsam eine Legitimation gegenüber der Masse, die man in jene geistige Bewegung hineinzuziehen bestrebt ist.

Zu den beliebtesten Stichworten unserer Tage gehört der Ruf nach Selbsthilfe oder Staatshilfe.

Es ist mir eine durchaus wohlthuende Erscheinung und Thatsache, daß für die geistige Reformbewegung auf dem Gebiete des deutschen Sparkassenwesens seit dem Jahre 1880 das Stichwort der Selbsthilfe beinahe ausschließlich maßgebend gewesen ist. Die nächste Ursache hierfür ist freilich unverkennbar. Die Mehrzahl der Sparkassen befürchtete von dem gesetzgeberischen Eingreifen des Reichs oder der Einzelstaaten eine wesentliche Beeinträchtigung ihrer Thätigkeit oder gar ihrer Existenz. So rief die Ankündigung des Entwurfs eines deutschen Reichspostsparkassengesetzes, sodann die Einreichung des Entwurfes selbst und nach seiner Ablehnung die Möglichkeit einer erneuten Vorlage die Selbstkritik wach, die eine unerläßliche Voraussetzung der Selbsterkenntniß ist, und die immer mehr wachsende Selbsterkenntniß führte zu einer kräftigen Initiative aus den Sparkassenkreisen, zu einer energischen Thätigkeit, getragen von dem Prinzip der Selbsthilfe.

Die Männer, die in Wort und Schrift die bei den einzelnen Sparkassen oder im ganzen Sparkassenwesen bestehenden Mißstände scharf und unermüdlich beleuchteten, galten — und mit Recht — als die besten Freunde der Sparkassen und des Sparkassenwesens, während dieselbe Befehdung in einem früheren Jahrzehnt ihnen vielleicht anders gedeutet worden wäre. Wir wollen versuchen die Resultate dieser Selbstkritik nicht chronologisch, sondern nach gewissen dogmatischen Gesichtspunkten zu gruppiren und wir wollen sie hierbei gleichzeitig auf das richtige Maß zurückführen, sowie die Gesichtspunkte scharf sondern, die bei dieser Selbstkritik manchmal nur gelegentlich, zuweilen auch gar nicht genügend hervorgetreten sind.

§ 13. **Selbstkritik in Betreff der organisatorischen Einrichtungen innerhalb der einzelnen Sparkassen.**

Man prüfte die organisatorischen Einrichtungen innerhalb der einzelnen Sparkassen Da ergab sich eine Fülle unbefriedigender Zustände. Bei der Kritik dieser Zustände in den einzelnen Sparkassen hat man aber die überaus große Mannigfaltigkeit und Verschiedenheit der wirthschaftlichen Verhältnisse, unter denen die einzelnen Sparkassen arbeiten, zu beachten und sich darüber Rechenschaft zu geben, ob die individuellen Einrichtungen einer Sparkasse in einem unabänderlich logischen Zusammenhang mit lokalen Eigenthümlichkeiten stehen oder ob sie nur ein Produkt der Willkür, der Hilflosigkeit und der Unkenntniß besserer Einrichtungen sind, die in anderen Orten sich herausgebildet haben.

Die Verwaltungsorgane der einzelnen Sparkassen sind für die Abgabe eines Urtheils, in welche Rubrik thatsächlich bestehende Einrichtungen ihrer Sparkassen einzureihen seien, vielfach nicht competent. Sie sind des öfteren geneigt, das historisch Gewordene für das logisch Begründete zu erachten. Gerade in dieser Hinsicht wirkt der Zusammenschluß zu Verbänden überaus belehrend und erziehlich. Der Gedankenaustausch mit Berufsgenossen führt, wenn auch anfänglich ein Widerstand sich geltend macht, schließlich doch zu einer Erkenntniß des Besseren und zur Erwägung der Frage, ob nicht dieses Bessere bei aller Berücksichtigung lokaler Eigenthümlichkeiten sich praktisch verwirklichen lasse.

Bei der Erwägung dieser Frage sind 3 Arten von Sparkassen zu unterscheiden, die rein ländlichen, die Sparkassen in kleineren und mittleren und die Sparkassen in großen Städten Neben allgemein gültigen Grundsätzen für alle Sparkassen gibt es eine Reihe von Einrichtungen, die nur für die eine oder andere Art der Sparkassen in Betracht kommen darf.

In einem gewissen Zusammenhang mit dieser Unterscheidung steht die weitere, ob die betreffende Sparkasse vorzugsweise auf die Pflege des Sparsinns einer rein ackerbautreibenden Bevölkerung, der Fabrikarbeiter, der gewerbetreibenden oder für alle Schichten der Bevölkerung berechnet ist.

Ohne nun auf diese Unterscheidungen im einzelnen hier einzugehen, sei darauf hingewiesen, daß man einer Prüfung der Frage näher trat, zu welchen Tagen und Stunden die Sparkassen offen zu halten sind, und für die meisten Sparkassen wurde gewünscht, daß sie am Vormittag und Nachmittag eines jeden Werktags offen gehalten werden möchten, während für gewisse Gegenden auch die Nothwendigkeit betont wurde, die Einzahlung in die Sparkassen auch des Sonntags nach dem Kirchenbesuch zu ermöglichen. Auch wurde als ein Mißstand vielfach empfunden, daß zu gewissen Zeiten, wenn die Zinsberechnung der Conten stattfindet, Sparkassen gänzlich oder beinahe gänzlich geschlossen sind.

Man monirte den Mangel an Sammelstellen und da, wo solche Sammelstellen (Nebenstellen) bestanden, monirte man deren vielfach beschränkte Competenz (die Einrichtung, nur Einlagen anzunehmen, nicht auch Auszahlungen machen zu können). — S. insbesondere den Aufruf an die deutschen Sparkassen vom Comité des deutschen Sparkassentages, beschlossen in der Sitzung vom 25. November 1884 (Eff. Sparkasse 1885 Anlage zu No. 70.

Man kritisirte in diesem Zusammenhang auch die Formalitäten, die für Spareinlagen und die Erhebung derselben zu erfüllen sind, — Eff. Sparkasse 1892 S. 240 — man warf die Frage auf, ob und in welchem Umfang dieselben unerläßlich waren, man prüfte die Frage der Ertheilung von Interimsquittungen und die aus solchen Interimsquittungen resultirenden Gefahren für die Einleger — Eff. Sparkasse 1885, No. 72 —, die Frage des Rechnungswesens, des Controllapparats, einer coulanten Behandlung der Sparkasseneinleger und derjenigen, die Hypotheken bei Sparkassen aufnehmen wollen, der finanziellen Stellung der Sparkassenbeamten und einer Fürsorge für den Fall der Arbeitsunfähigkeit für sie selbst, sowie für die Relikten im Todesfall. Ueberblickt man die Gesammtheit aller kritischen Bemerkungen, so haben sich auf der ganzen Linie die verschiedenartigsten Ausstellungen und Anregungen ergeben. Diese Anregungen haben sich auch nicht zum geringsten Theil darauf erstreckt, daß man den Zweck der Sparkassen zu erfassen und klarzustellen bemüht gewesen ist. S. auch Eff. Sparkasse 1886 No. 98 S. 6, 7, 1889 No. 178, 1891 S. 97, 133, 1892 S. 240, 1885 No. 84, 87.

Ein Theil dieser kritischen Ausstellungen läßt sich dahin zusammenfassen: Die Spargelegenheiten müssen erleichtert und vermehrt werden, das Sparen und die Entnahme der Spareinlagen muß thunlichst kostenlos und ohne Zeitaufwand stattfinden können, der Sparer muß von dem Moment der Einlage an eine durchaus rechtsverbindliche und beweisende Urkunde in Händen haben, die Sparkasse muß in geeigneten Lokalitäten sich befinden, das Sparkassenpersonal muß dem Umfang der Geschäftsentwicklung entsprechen und die Fürsorge für das Personal, insbesondere für die Kassenvorstände, sowie für die Relikten soll sachgemäß geregelt sein.

Die Aufdeckung und sachgemäße Besprechung der bei den einzelnen Sparkassen etwa vorhandenen Mißstände, nicht minder die Frage der Herstellung besserer Einrichtungen wurde bei einer Reihe von Sparkassen durch die Bestellung von Verbandsrevisoren wesentlich gefördert. Am besten ausgebildet ist diese nicht genug zu empfehlende Institution bei dem Hannoverschen Sparkassenverband. Wenn der geistig ungemein regsame, stets intelligent geleitete Verband nichts anderes geleistet hätte als die Ausbildung dieser wohldurchdachten Revisionen, so würde er schon dadurch um das deutsche Sparkassenwesen sich hochverdient gemacht haben. Das Studium der Berichte, die jährlich in den Generalversammlungen des Verbandes erstattet werden, ist überaus lehrreich und für jedermann fördernd.

§ 14. Die Schul- und Jugendsparkassen.

Indem man insbesondere die Frage nach einer Vermehrung der Spargelegenheiten, der Popularisirung des Sparkassenwesens ins Auge faßte, auch nach den Einrichtungen der anderen europäischen Staaten Ausschau hielt, gelangte man zur Anregung bezw. Ausbildung besonderer Sparkassenarten, der Schul- und Jugendsparkassen und der Pfennigsparkassen.

Der Einführung und Entwicklung der deutschen Schul- und Jugendsparkassen hat sich mit bewunderungswürdiger Unermüdlichkeit Pfarrer E. Senckel in Hohenwalde bei Müllrose (bei Frankfurt a. d. Oder) gewidmet. Sie ist für ihn zur dankbaren Lebensaufgabe geworden. Er hat den Gedanken der Schulsparkassen im Jahre 1867 erfaßt während seiner Wirksamkeit in einer anderen Gemeinde, im Kampf gegen die dort herrschende Trunksucht. S. dessen Denkschrift: Jugend- und Schulsparkassen, herausgegeben vom Verein für Jugendsparkassen, Ausgabe B. 1882, S. 52.

Er erkannte, daß die Erleichterung der Spargelegenheit bei den großen öffentlichen Sparkassen eine lebhafte Betheiligung naturgemäß nur in den Kreisen der Erwachsenen herbeiführt, daß aber der innere Antrieb zur haushälterischen Sparsamkeit gerade bei der Jugend gewahrt werden muß und in der Schule sich hierzu die beste Gelegenheit bietet. „Die noch viel zu wenig gepflegte Tugend der Sparsamkeit soll dem Volk womöglich von Jugend auf eingeprägt werden". Zu den Jugendsparkassen gehören: Die Aussteuerkassen, Konfirmandensparkassen, Fortbildungssparkassen, Kindersparkassen, Sonntagsschulsparkassen, die Industrie- oder Fabrikschulsparkassen. Mit Recht bemerkt Senckel „es ist ein Irrthum, daß das Sparen erst mit dem Zeitpunkt des eigenen Erwerbs beginnen soll". Sparen heißt nicht „Güter erwerben", sondern „Güter zu Rath halten" für die Zukunft. Wird die Uebung der Sparsamkeit der Familie überlassen, so werden nur die Kinder wirthschaftlicher Eltern in dieser Tugend geübt. Uebernimmt die Schule die Uebung, so können sich daran alle Kinder betheiligen. Nur in der Schule läßt sich eine pädagogisch richtige Anleitung zum Sparen verwerthen. Bei der Erziehung zur Sparsamkeit muß die sittliche Seite des Sparens in Betracht kommen. l. c. S. 109 ff.

Die Schulsparkasse ist die naturgemäße Form der Kindersparkasse. Vortrag über die Erziehung der Jugend zur Sparsamkeit vom 12. Dezember 1886, S. 19. Die Idee der Jugendsparkasse ist unanfechtbar, sie ist nur eine Erweiterung der häuslichen Sparbüchse. Monatsschrift für deutsche Beamte, Heft 11, 1880.

„Der Hauptzweck der Jugendsparkassen liegt darin, daß die zukünftigen Arbeiter von frühester Jugend an belehrt werden, wie sie ihre Willenskraft und sittliche Energie üben sollen, um den täglichen Versuchungen, für unnütze, oft gesundheitsschädliche Tändeleien ihr Geld wegzuwerfen, widerstehen zu können, wie sie sich an Ordnung, Fürsorglichkeit und tägliche Rechnungsführung zu gewöhnen haben". Eff. Sparkasse 1886 No. 98.

Durch Senckels Initiative wurde am 2. Juni 1880 der deutsche Verein für Jugendsparkassen zu Glogau begründet. Die 2. Generalversammlung des Vereins fand in Berlin am 12. Oktober 1887 statt. Der 12. Bericht des deutschen Vereins für Jugendsparkassen über die Jahre 1891 und 1892 ist 1893 erschienen. Er ist auch als Anhang zu der Schrift von Senckel „die Einrichtungen der deutschen Schul- und Jugendsparkassen" (Frankfurt a O. 1893, G. Harnecker) beigegeben. Es bestehen gemäß der letzt erschienenen Zusammenstellung, die überaus fleißig gearbeitet ist, wenn sie auch naturgemäß keinen Anspruch auf Vollständigkeit erhebt, Spargelegenheiten für die deutsche Jugend in 158 Städten, 2272 Dörfern, 1091 Schulen, mit

4000 Sammelstellen. Es beträgt die Zahl der Sparer 243933 und die Einlagen betragen M. 1,761,972. Auf das Großherzogthum Baden entfallen 2 Kassen (Karlsruhe, Jhringen). Es kann nicht nachdrücklich genug betont werden, daß Deutschland in Stadt und Land der Schulsparkassen bedarf, daß aber die rasche und erfolgreiche Durchführung dieser überaus segensreichen Institution nur durch eine energische Förderung seitens der Centralbehörden erreicht werden kann. Alle gegen die Einrichtung der Schulsparkassen geltend gemachten Einwendungen sind in Wort und Schrift, vor Allem aber durch die Thatsache ihrer segensreichen Wirksamkeit auf das vollständigste widerlegt. S. auch Philipp Deutschmann „Schulsparkassen, deren Zweckmäßigkeit und Einrichtung, Breslau (Franz Goerlich)", K. Böhme, die selbstständige ländliche Schulsparkasse, Braunschweig 1882 (Appelhaus und Pfenningstorff), Senckel, die Schul-, Jugend- und Pfennigsparkasse in einfachster Gestalt. 1888.

§ 15. Die Pfennigsparkassen.

Die Pfennigsparkasse unterscheidet sich von der Jugend- und Schulsparkasse insofern, als sie nicht ausdrücklich für die Jugend eingerichtet ist, sondern für jeden, namentlich für solche, die nur kleine Beträge sparen können oder wollen. Die Zweckbestimmung ist also bei den Pfennigsparkassen eine allgemeinere. In ihren wohlthätigen Zielen haben sie viel gemeinsames. Die Schulsparkassen breiten sich insbesondere auf dem Lande aus, die Pfennigsparkassen werden in Städten eingerichtet. S. Broschüre „Seid sparsam" (herausgegeben vom Verein für Jugendsparkassen 1883, S. 28, 29 ff.)

Die deutschen Sparkassentage in Darmstadt und Dresden haben die Wichtigkeit dieser Sparkassenform gewürdigt und es blieben die darüber gepflogenen Verhandlungen nicht wirkungslos. Um die Ansammlung von Ersparnissen der minder Bemittelten zu erreichen, mußte zur Verminderung der bisherigen Minimaleinlagen und zwar bis zu Pfennigbeträgen, zur Einführung der Pfennigsparkassen geschritten werden.

Die beste Orientierung über diese Pfennigsparkassen bietet die „Statistik deutscher Pfennigsparkassen für das Jahr 1883" (zum 3. deutschen Sparkassentag in Weimar) von H. Klein, Siegen 1884 (Druck von W. Vorländer)[1]). Klein bemerkt zur Beurtheilung einleitungsweise: Es haben sich für die Pfennigsparkassen mehrere Systeme entwickelt, welche dem Geschäftsbetrieb derselben zu Grunde liegen. Es sind dies hauptsächlich zwei Systeme, welche mit dem Namen „Sparmarkensystem" und „Quittungsbüchersystem" kurz bezeichnet werden. Das Sparmarkensystem ist noch eingetheilt in „Sparmarken= und Sparkartensystem" und in „Sparmarken= und Sparheftesystem."

1. Unter „Sparmarken= und Sparkartensystem" ist jene Einrichtung verstanden, bei welcher der Einleger, gegen seine auf 5 bezw. 10 Pfg. minimal festgesetzte und ebenso steigende Einlage, eine in Form der Postfreimarken ausgeführte und über den Werth seiner Einlage lautende Sparmarke erhält. Die zur Aufklebung von 10, 20 oder 30 solcher Sparmarken eingerichteten Sparkarten besitzen nach voller Beklebung den Werth, bei welchem eine Uebertragung und zinsbare Anlage bei einer Sparkasse erfolgen kann. Sie werden den Einlegern unentgeltlich verabfolgt. Die „vollgültigen" Sparkarten werden bei diesem System durch die Einleger an die Sparstellen oder direkt an die Sparkassen abgeliefert. Die Sparkassen fertigen dann über deren Beträge Sparkassenbücher aus bezw. ertheilen Quittungen in den etwa schon vorhandenen Sparkassenbüchern und sie fertigen diese Sparkassenbücher schließlich den Einlegern durch die Sparstelle oder direkt wieder zu.

2. Das „Sparmarken= und Sparheftesystem" unterscheidet sich von dem erstgenannten nur dadurch, daß anstatt loser Sparkarten Sparhefte verwendet werden, welche 10 oder mehr

---

[1]) S. auch H. Klein, die Pfennigsparkassen als Wohlfahrtseinrichtung für unsere Arbeiter, Vortrag in der Generalversammlung des Vereins für die bergbaulichen und Hütteninteressen vom 4. April 1885, Siegen 1885 (Druck von C Buchholz). Leider ist die äußerst verdienstvolle Statistik der Pfennigsparkassen aus dem Jahre 1883 nicht fortgesetzt worden. S. indessen Zenkel, die Einrichtungen der deutschen Schul= und Jugendsparkassen 1893, S. 121 ff.

Blätter enthalten, die in gleicher Weise mit Colonnen zum Aufkleben von Sparmarken versehen sind. Nachdem diese Sparblätter zur zinsbaren Anlegung des Betrages vollgültig geworden sind, werden die Blätter von den Sparstellen oder dem Rendanten der Sparkasse herausgeschnitten. Auf einem stehen bleibenden Raub wird die Quittung über deren Beträge ertheilt. Der weitere Verlauf ist dann derselbe, wie früher beschrieben. Neben 5 oder 10 Pfennigsparmarken, wie sie hauptsächlich bei dem Sparkartensystem verwendet werden, sind auch bei einigen Pfennigsparkassen Sparmarken für weitere, von 5, 10 bis zu 90 Pfennig steigende Beträge gebräuchlich, die, nach jeder Einlage auf die Sparblätter geklebt, am Ende des Monats aus dem Sparheft gegen Quittung herausgetrennt werden, sofern das Blatt den Minimalwerth der zinsbaren Einlage erreicht hat. Die Sparblätter stellen mithin in diesem Fall nicht einen stets gleichen Werth dar, sondern sind wechselnden Inhalts, je nachdem der Minimalsatz mehr oder weniger überschritten ist.

Von diesen beiden Systemen unterscheidet sich das „Quittungsbüchersystem" dadurch, daß hier keine Sparmarken zur Anwendung kommen. Der Einleger erhält bei seiner ersten Einlage ein Quittungsbuch, in welchem auch seine weiteren Einlagen eingeschrieben werden. Die am Ende des Monats zusammengezogene Monatseinlage wird in ein zinstragendes Sparkassenbuch übertragen, sofern sie den Minimalsatz erreicht hat. Auch hier ist bei einigen Pfennigsparkassen bestimmt, daß nur volle Markbeträge bei den Sparkassen zinsbar angelegt werden, so daß hier, wie auch bei den früher beschriebenen Systemen die Pfennigsparkassen die Zinsen der noch nicht vollgültigen Restpfennige genießen.

Hervorragende Beachtung verdient die Entwicklung der ersten deutschen Pfennigsparkasse, die in Darmstadt bekanntlich im Jahre 1880 begründet worden ist. Das Studium der Drucksachen dieser Pfennigsparkassen ist für die orientirende Einführung in diese Ersparnißform in erster Reihe empfehlenswerth. Wir geben hiermit die uns gütigst zur Verfügung gestellte statistische Uebersicht.

Statistische Uebersicht der Pfennigsparkasse Darmstadt.

Gründungsjahr 1880.

Geschäfts-Jahr	Zahl der Stationen	Einlagen bei den Stationen		Uebertäge in die städt. Sparkasse			Einzahlungen der städtischen Sparkasse			Zeit Gründung ausgegebene Pfennig- sparkassenbücher
				Zuschuß- Ein- lagen	Neue Ein- lagen	Summe der Einlage- posten	Betrag		Gänz- liche Rück- zahlun- gen	Theil- rück- zahlun- gen Betrag
		Mk.	Pfg.				Mk.	Pfg.	ca.	ca. Mk.	Stück
1887/88	20	51433	85	6868	593	7461	49270	—	600	2400	19000	14385
1888/89	21	53125	50	7168	628	7796	50908	—	500	2000	15000	15400
1889/90	22	53018	65	6625	690	7315	50206	20	450	1800	13000	15850
1890/91	22	50684	20	6192	609	6801	49788	75	350	1530	10000	16680
1891/92	20	49627	90	5828	713	6541	48650	05	300	1400	9545	17651
1892/93	21	45764	30	5570	606	6176	44790	—	245	1200	8800	18396

In dem Bericht für das Jahr 1886 bemerkt der Vorstand der Darmstädter Pfennigsparkasse:

Die günstigen moralischen Wirkungen, welche wir von der Pfennigsparkasse erwarten, können zwar im Ganzen erst nach längerer Zeit sichtbar werden, aber wir dürfen bereits sagen, daß es der Pfennigsparkasse gelungen ist:

1. Tausenden durch ihre eigenen gelungenen Versuche zu beweisen, daß sie sparen können Damit hat aber die trostlose Ausrede: „Wir können nichts erübrigen und können es im Leben doch zu nichts bringen", ihre Geltung verloren.

2. Viele Hunderte unserer Einleger, nach ihren eigenen Mittheilungen, zu überzeugen, daß sie durch ihre kleinen Einlagen für ihre Kinder die größeren Anschaffungen z. B. für Konfirmation und Ausstattung ersparen können, ohne schlechter zu leben, wie früher.

3. Die Lust zu Arbeit und Erwerb und zur Verbesserung der Leistungen zu geben.

4. Bereits in tausenden von Nothfällen (und dazu wurden die meisten Zurücknahmen von Einlagen verwendet) die Mittel zur Abhilfe zu gewähren.

Diese erfreuliche Wahrnehmung wird voll bestätigt durch die amtliche Feststellung, daß die Geschäfte der städtischen Pfandleihanstalt seit dem Betrieb der Pfennigsparkasse jährlich abgenommen haben, während sie bis dahin in ständiger Zunahme begriffen waren. Es wird der Pfennigsparkasse von mancher Seite vorgeworfen, daß sie dem Verkehr bedeutende Summen entziehe und hierdurch besonders dem Kleinhandel schade. Diese Ansicht ist vollkommen irrig, indem das Sparen seinen Anhängern nur ermöglichen will, das Geld für ihre Bedürfnisse erst zu sparen, und dann gegen Baarzahlung gut und billig zu kaufen, anstatt solche, wie vielfach bisher, zu borgen und dadurch in Schulden zu versinken. Die Sparer werden auf solche Weise und durch den Zuwachs ihrer Zinsen kaufkräftiger und auf die Lebendigkeit und Solidität des gesammten Kleinhandels kann die Gewöhnung zur Sparsamkeit und zur Baarzahlung nur den besten und nachhaltigsten Einfluß üben."[1])

Durch die von den Pfennigsparkassen gegebene Anregung wächst auch bei den städtischen Sparkassen die Zahl der kleinen Einleger. „Aus Pfennigsparern werden Marksparer." Die Pfennigsparkassen haben es für nöthig erachtet, um den Sparsinn der arbeitenden Klassen zu erwecken und zu pflegen, die Arbeitgeber selbst für die Sache zu interessiren, man bemühte sich auch durch die Errichtung von Sparstellen auf den Werken selbst das angestrebte Ziel zu erreichen. Man wies darauf hin, daß das Sparmarkensystem sich zur Pflege für die industriellen Werke eigne, „weil hier die Quelle der Ersparnisse, die Auslohnung für die Arbeit, entspringt, weil hier die Beispiele am meisten ziehen, und weil hier die Rückwirkungen der Sparsamkeit, der wirthschaftliche Effekt des Sparens in allen seinen Aeußerungen, in allen seinen Folgen . . . sich wieder zur Geltung bringen und von Nutzen für die Prosperität des Werkes sein wird."[2])

§ 16. Der Uebertragbarkeitsverkehr.

Man erkannte aber, daß für die Popularisirung des Sparkassenwesens nicht nur die Verbesserung der Einrichtungen innerhalb der einzelnen Sparkassen und die Schaffung neuer Arten von Spargelegenheiten nöthig sei, sondern auch die organischen Beziehungen zwischen den einzelnen Sparkassen im Interesse gewisser Klassen von Einlegern weiter ausgebildet werden müßten. Man schuf daher die Einrichtung des Uebertragbarkeitsverkehrs.

Der Staatssekretär von Stephan sagte mit Recht gelegentlich der ersten Berathung des Postsparkassengesetzes „Die

---

[1]) S. auch Bericht für 1887 und die Uebersicht vom 8. Juli 1890.
[2]) Protokoll des 8. Hannoverschen Sparkassentags vom 18. November 1893 S. 30 ff.

Uebertragbarkeit ist die Freizügigkeit der Sparkassenbücher." Sie ist wichtig namentlich in Rücksicht auf die fluctuirenden Verhältnisse der Arbeiter, selbst für die Arbeiter auf dem Lande in den Zeiten der Ernte. Während der Zuckercampagne ist eine große Arbeiterbewegung. Die Arbeiter gehen aus dem Westen, aus Ost- und Westpreußen nach Sachsen; die Arbeiter bei großen Tunnelbauten, Meliorationen, Canalisationen, großen Eisenbahnbauten, die Ziegelstreicher aus Lippe-Detmold, welche in der Zeit, wo die Baubedürfnisse sich regen, sich durch ganz Deutschland begeben, für sie alle ist nach seinen Ausführungen der Uebertragbarkeitsverkehr eine schätzbare Einrichtung des Sparkassenwesens. — Die Lokalisirung, die Nichtübertragbarkeit der Sparkassenbücher erschwert die Benützung der Sparkassen durch den Arbeiter. Er wird in Versuchung sein, beim Wechsel des Wohnsitzes sein Buch zu verkaufen, dabei erhält er das Geld zur freien Verfügung und zwar gerade während eines Ortswechsels, also in einer Zeit, in der ein Anreiz zu Mehrausgaben groß ist.

Die Uebertragbarkeit der Spareinlagen ist die Einrichtung auf dem Gebiet des Sparkassenwesens, welche ein Correlat zu dem Gesetz über die Freizügigkeit bildet und zu der dadurch unterstützten Fluctuation der Bevölkerung in Deutschland, namentlich derjenigen Bevölkerung, für welche in erster Linie das Sparen eine wirthschaftliche Maßregel sein soll. Es ist die Einrichtung, vermöge deren die Einlagen eines Sparers ohne erhebliche Mühewaltung und Kosten für ihn von dem Orte, welchen er verläßt, an den Ort, wohin er zieht, überwiesen werden können.

„Der dem System der Uebertragbarkeit zu Grunde liegende Gedanke ist, daß der Sparer einer Sparkasse ein materielles Recht auf Mitgliedschaft gegenüber allen Sparkassen erhält, welche die Uebertragbarkeit angenommen haben. Ihm gegenüber stehen die betreffenden Sparkassen als eine Einheit da, und er wird zufolge seiner Qualität als Sparer der bisherigen Sparkasse bei einem Domicilwechsel unverzüglich Sparer der neuen Sparkasse. Es tritt nur eine andere Sparkasse als neue Schuldnerin seiner bisherigen Spareinlagen ein, freilich mit der Modifikation, daß das Guthaben nunmehr den Bestimmungen des Statuts der neuen Sparkasse unterliegt"

Es haben sich für die Uebertragbarkeit 3 verschiedene Systeme herausgebildet, das sächsische, das schlesische und das rheinische System. Das sächsische vermindert die Mühe des Sparers bei der Uebertragung, schützt ihn aber nicht vor Zinsverlust und Kosten. Die Einziehung der Spareinlagen kann nur bei der Sparkasse des Zuzugsortes beantragt werden, es kann nicht auch bei der Sparkasse des Abzugsortes die Ueberweisung der Einlagen an die Sparkasse des Zuzugsortes erbeten werden. Nach dem schlesischen System erfolgt die Ueberweisung nur am letzten Geschäftstage des Monats. Auch ist es nach diesem System möglich, das Guthaben auf eine Sparkasse zu übertragen, die sich der Vereinbarung nicht angeschlossen hat, wenn man die Vorsicht gebraucht, das Guthaben schon am vorletzten Geschäftstage, jedenfalls so früh abzuschicken, daß es noch am letzten Geschäftstage bei der neuen Kasse eintrifft. Der Antrag auf Uebertragung der Einlagen kann aber nur bei einer Sparkasse, nämlich — umgekehrt wie in Sachsen — bei der des Abzugsortes gestellt werden. Man kann also die Einlagen von seinem alten Wohnort nach seinem neuen Wohnort überweisen, nicht aber durch die Sparkasse des Anzugsortes vom Abzugsorte einziehen lassen. Das rheinische System, ausgebildet in Düsseldorf, combinirt beide Arten der Uebertragung, indem nach diesem System sowohl die Ueberweisung von Spareinlagen Abziehender an die Sparkasse des neuen Aufenthaltsortes, als auch die Einziehung von Einlagen aus auswärtigen Sparkassen für Angezogene bewirkt wird. Nach diesem System kann die Uebertragung an jedem Tage erfolgen. Eine Unterbrechung in der Verzinsung wird vermieden. S. insbesondere Protokoll des 1. Hannoverschen Sparkassentags (1884), S. 30 fgde., des 3. deutschen Sparkassentags (1884) S. 4 fgde.

Man hat sofort erkannt, daß die Einrichtung des Uebertragbarkeitsverkehrs gegenstandslos ist, sofern sie sich nur auf einen kleinen Kreis von Sparkassen beschränkt und man hat daher die thunlichste Verallgemeinerung dieser Einrichtung stets angestrebt. S. auch Heyden, statistisches Adreßbuch der Sparkassen Deutschlands, mit einem alphabetischen Verzeichniß derjenigen Sparkassen, welche den Uebertragbarkeitsverkehr eingeführt haben. In der Vorstandssitzung des deutschen Sparkassenverbands zu Bremen vom 17. September 1885 wurde der Entwurf eines Vertrags festgestellt, wonach eine Centralstelle für die Anmeldungen des Uebertragbarkeits= verkehrs (nicht eine Centralstelle für den Verkehr selbst) ge= schaffen werden sollte. Die Mühewaltung wurde unentgeltlich von dem Geschäftsführer der Bremer Sparkasse übernommen. (Eff. Sparkasse 1885 No. 87 S. 2 und No 81.

§ 17. Das Ueberbringungs= und das Abholungs= system. Die Wochen=Ersparungs=Anstalten.

Ist schon im System des Uebertragbarkeitsverkehrs die besondere, wenn auch nicht ausschließliche Rücksichtsnahme auf die Förderung des Sparsinns in der arbeitenden Bevölkerung zu Tage getreten, so hat es in dieser Hinsicht seit dem Jahre 1880 auch sonst nicht an den mannichfachsten und erfolg= reichsten Bestrebungen gefehlt. Mit Recht ist in Bezug hierauf bemerkt worden: „Wenn es gelingen würde, dem Arbeiter das Sparen so leicht zu machen, wie ihm das Geldausgeben leicht gemacht ist, wenn sich so viele Freunde an ihn heran= drängen würden mit der Sparbüchse, wie solche, die ihm Ver= gnügen anbieten, aber dafür sein Geld wollen, wenn wir so viele Sparkassen mit solch entgegenkommender Bedienung und einschmeichelnder Beredsamkeit hätten, wie Wirthshäuser, dann würde es um die Sparsamkeit der arbeitenden Bevölkerung besser bestellt sein. . . Die Sparkasse muß zum Arbeiter kommen".[1] „Die Zukunft gehört nicht dem Sparmarken= automaten, sondern dem Sparexecutor".[2]

---

[1] S. Eff. Sparkasse 1889, No. 171, 172; Die Förderung der Spar= samkeit durch die Fabriksparkassen.

[2] Post, Musterstätten persönlicher Fürsorge von Arbeitgebern für ihre Geschäftsangehörigen.

In dem hervorragenden Werke von Dr. Jul. Post, Musterstätten persönlicher Fürsorge von Arbeitgebern für ihre Geschäftsangehörigen (Verlag von Robert Oppenheim, 1889, Berlin) ist die vollständige Zusammenstellung aller auf Privatinitiative beruhenden Wohlfahrtseinrichtungen, namentlich auch auf dem Gebiet des Sparkassenwesens enthalten.

In den Worten „die Sparkasse muß zum Arbeiter kommen" ist aber in Bezug auf die Arbeiterbevölkerung nur dasselbe Postulat formulirt, welches für die Förderung des Sparsinns in nahezu allen Bevölkerungsschichten wesentlich zu beachten ist. Es handelt sich um die Propaganda für das Prinzip des Abholungssystems gegenüber dem Ueberbringungssystem.

Das Ueberbringungssystem ist das gemeinhin herrschende. Es besteht darin, daß jeder, der eine ersparte Summe bei der Sparkasse anlegen will, sie zur Sparkasse hinbringt oder hinbringen läßt. Das Abholungssystem besteht darin, daß die Sparkasse unter gewissen des näheren festgestellten Voraussetzungen in kurzen Zwischenräumen die Einlagen bei den hierfür vorgemerkten Sparern abholen läßt.

Die Sparkasse der Gesellschaft zur Beförderung nützlicher Künste und deren Hilfswissenschaften zu Frankfurt a. M., gegründet im Jahre 1822, hat schon im Jahre 1826 das Abholungssystem in der „Ersparungsanstalt" eingeführt. In ihrer ersten Ankündigung heißt es „durch diese Ersparungsanstalt soll denjenigen Einwohnern unserer gewerbefleißigen Stadt, denen es zu zeitraubend sein dürfte, viele kleine Einlagen zur Sparkasse zu bringen, die Gelegenheit geboten werden, sich nach und nach einen Nothpfennig für Alter, Krankheit und Bedarf zu ersparen, und Eltern und Taufpathen ein geeignetes Mittel, den Kindern ein Kapitälchen für einstige Ausstattung, Erlernung eines Gewerbes oder Errichtung eines Geschäfts auf leichte Weise zu sammeln."

F. Thorwart hat in der Wohlfahrtscorrespondenz der Centralstelle für Arbeiterwohlfahrtseinrichtungen, 1892, No. 10

vom 15. Oktober über die derzeitigen Einrichtungen der Frankfurter Ersparungsanstalt und der ihr nachgebildeten „Wochen-Ersparungsanstalten" ausführliche Mittheilung gemacht. Er schildert sie folgendermaßen: Die Einleger der Ersparungsanstalt — in Frankfurt kurzweg „Wochenkasse" genannt — verpflichten sich zu einer wöchentlichen Einlage von ½, 1, 2, 3, 4, 5, 6, 8, 10, 15 oder 20 M. und dieser Betrag wird durch Erheber der Anstalt, deren heute 4 thätig sind, in der Wohnung oder im Geschäftslokal des Einlegers wöchentlich abgeholt. Als Quittung dienen gedruckte Zettel, welche den Namen des Einlegers, die Größe des Wochenbeitrags, die Nummer des bei der ersten Einzahlung ausgefertigten Einlagebuchs, sowie diejenige der jeweiligen Erhebungswoche enthalten und mit dem Stempel der Anstalt versehen sind. Alljährlich werden 50 Beiträge erhoben, die erste und letzte Woche des Jahres bleiben frei. Die Wochenscheine werden von dem Erheber zur Bezahlung nur einmal vorgezeigt. Unbezahlt gebliebene Scheine müssen von dem Einleger spätestens innerhalb 8 Tagen nachträglich eingelöst werden, widrigenfalls der Anstalt das Recht zusteht, den Einleger als ausgetreten zu betrachten und die Erhebung einzustellen.

Die Verzinsung der im Laufe eines Jahres eingezahlten Wochenbeiträge beginnt mit dem 1. Januar des folgenden Jahres. Sie geschieht zur Zeit mit 3 %, Theile einer Mark bleiben unverzinst. Außer den Wochenbeiträgen können auch noch weitere Einlagen, sogenannte Nebeneinlagen, gemacht werden, welche von dem der Einzahlung folgenden ersten Tage der Monate Januar, April Juli oder Oktober an verzinst werden. Der Austritt steht den Einlegern jederzeit frei. Ist das Guthaben eines ausgetretenen Einlegers 3 Jahre lang nicht abgefordert worden, so hört seine Verzinsung auf. Nach dem Ableben des Einlegers werden Wochenbeiträge bei den Erben nicht mehr abgeholt. Rückzahlungen, welche zunächst aus den im Laufe des Jahres eingelegten und unverzinst gebliebenen Beträgen geleistet werden, geschehen seitens der Ersparungsanstalt sofort ohne Kündigung bis zur Summe von 200 M., mit 4wöchentlicher Kündigung bis zu 1000 M., mit 6wöchentlicher Kündigung in jedem Betrage. Indessen werden im ersteren Falle innerhalb 4 Wochen überhaupt nicht mehr als 200 M., im zweiten Fall innerhalb 8 Wochen nicht mehr als 1000 M zurückbezahlt. Ausnahmen kann die Direktion gestatten, wenn ihr stichhaltige Gründe für frühere Rückzahlung genannt werden. Letztere findet nur gegen Vorzeigung des Einlagebuches und des letzten Wochenscheines an der Kasse der Ersparungsanstalt statt; sie wird in dem Einlagebuch von dem Direktor und dem Gegenbuchhalter abgeschrieben und die Anstalt wird durch den Eintrag für die Rückzahlung unbedingt entlastet. Rückzahlungen an Einleger können durch Einsprache von Privatpersonen nicht gehemmt werden, ebenso ist die Verpfändung oder die Veräußerung weder des Einlagebuchs noch des Guthabens zulässig.

Die der Ersparungsanstalt zufließenden Gelder werden auf ein besonderes Conto bei der Sparkasse angelegt und es wird am Ende des Jahres der Ersparungsanstalt nur diejenige Zinssumme zugeschrieben, welche diese selbst ihren Einlegern zu vergüten hat. Dadurch wird das Conto der Ersparungsanstalt in den Büchern der Sparkasse mit dem Kapitalconto im Hauptbuch der Ersparungsanstalt in Uebereinstimmung gebracht. Sämmtliche Verwaltungskosten der Ersparungsanstalt werden von der Sparkasse getragen.

Die Organisation verbindet „in richtiger Weise einen gewissen selbstauferlegten Zwang mit der auf der andern Seite unentbehrlichen Freiheit der Bewegung". S. auch die Zeitschrift Nordwest, 1884 No. 31.

Gegenwärtig beschäftigt die Ersparungsanstalt 7 Erheber, von denen jeder ca. 250—300 Quittungen täglich einzulösen hat. Die Beiträge belaufen sich wöchentlich auf ca. M. 42,000 und vertheilen sich auf 11850 Einleger. Auf Grund der freundlichen Mittheilungen der Direktion sind wir in der Lage, die nachfolgende statistische Uebersicht für die Jahre 1826 bis 1892 zu geben:

Bestand der Ersparungs-Anstalt von 1826—1892.

	Bestand am Schluße des Jahres.			Bestand am Schluße des Jahres.		
Jahr	Einleger-zahl	Guthaben an Kapital u. Zinsen	Jahr	Einleger-zahl	Guthaben an Kapital u. Zinsen	
		Gulden	Krz.			Gulden	Krz.
1826	86	2440	18	1861	2665	341399	08
1827	130	6071	42	1862	2781	382776	46
1828	140	8834	08	1863	2922	411552	18
1829	199	12946	57	1864	3025	432840	41
1830	262	16525	45	1865	3161	424932	21
1831	386	21936	17	1866	3032	357388	36
1832	511	30607	15	1867	3245	386566	07
1833	586	39070	34	1868	3512	439617	14
1834	648	42861	—	1869	3795	498615	18
1835	668	48982	22	1870	3982	500743	21
1836	692	52567	29	1871	4308	554067	54
1837	737	56422	27	1872	4668	611313	58
1838	761	59183	58	1873	5199	698056	42
1839	785	59239	56	1874	5580	801527	48
1840	833	66465	37				
1841	895	73664	11			Mark	Pf.
1842	946	78148	51	1875	5999	1627638	57
1843	985	86526	37	1876	6429	1827862	23
1844	1054	97195	55	1877	6722	1991963	28
1845	1117	106848	33	1878	6960	2183767	13
1846	1135	109019	18	1879	7300	2312198	24
1847	1154	106987	14	1880	7576	2561246	78
1848	1114	98218	25	1881	7921	2773750	82
1849	1145	116123	15	1882	8299	2854245	17
1850	1214	130604	19	1883	8484	3093582	35
1851	1288	143732	46	1884	8895	3322579	39
1852	1398	155459	39	1885	9130	3619312	24
1853	1494	162191	33	1886	9275	3960905	56
1854	1586	166217	56	1887	9623	4248105	54
1855	1681	174953	27	1888	9987	4480288	53
1856	1778	194067	39	1889	10534	4825055	32
1857	1969	209037	35	1890	10973	5074737	66
1858	2150	228839	38	1891	11188	5224580	33
1859	2310	254694	29	1892	11369	5345996	31
1860	2494	288474	53				

Ersparungsanstalten nach dem Frankfurter Vorbild wurden errichtet 1858 von der Spar- und Leihkasse, eingetragene Genossenschaft in Neu-Isenburg, 1867 von der Volksbank, eingetragene Genossenschaft in Mainz, 1890 von der Volksbank, eingetragene Genossenschaft in Bockenheim.

Die Ersparungsanstalt der Mainzer Volksbank ist mit dem 1. Juli 1893 an die Mainzer städtische Sparkasse übergegangen. Der Geschäftsgang bei der Ersparungsanstalt war folgender: Denjenigen, welche sich durch einen Anmeldezettel zum Beitritt in die Ersparungsanstalt angemeldet hatten, wurde durch besonderen Ausläufer die Aufnahmeurkunde und von da ab wöchentlich immer ein Coupon zugesendet, und zwar derart, daß die Zusendung stets an demselben Tag und wenn möglich zu derselben Stunde geschah. Stellte ein Mitglied im Laufe des Halbjahres seine Wocheneinlagen ein, dann zeigte das Buch durch die Anzahl der fehlenden Coupons die Anzahl der geleisteten Zahlungen an und es mußte deshalb jedes Couponbuch, das gleichzeitig die hauptbuchmäßige Guthabenbuchung des Einlegers enthielt, halbjährlich übertragen werden. Extraeinlagen an die Ersparungsanstalt konnten nicht geleistet werden. Gewünschte Aenderungen waren vor Jahresschluß anzumelden, worauf dieselben durch Umschreibe-Zettel im neuen Jahr Berücksichtigung fanden.

Etwaige Bezüge geschahen durch Benützung gewöhnlicher Quittungen und es dienten die rothen Exemplare zum Bezug des Restguthabens.

In das Einlagebuch wurden am Jahresschluß die Jahreseinlagen und eventuell auch die Zinsen eingetragen.

Die Volksbank vergütete der Ersparungsanstalt, welche als Zweiganstalt von ihr betrieben wurde, 4% und diese gewährte ihren Mitgliedern nach Maßgabe der im Statut enthaltenen Bestimmungen 3%. Durch diesen Unterschied in der Verzinsung und dadurch, daß die Volksbank die Verzinsung der Gelder der Ersparungsanstalt täglich, so wie sie von den Ausläufern an der Kasse abgeliefert wurden, beginnen ließ, während die 3% Verzinsung durch die Ersparungsanstalt an die Einleger erst später geschah, erwuchs eine Differenz zu Gunsten der Anstalt, die bestimmt war, in Verbindung mit den Eintritts- und Umschreibegeldern, die Kosten des Betriebes zu decken.

Indessen fand die Volksbank ihre Rechnung nicht dabei. Der in der Regel niedrige Privatdiscontsatz, sowie die durch das nothwendige Personal veranlaßten großen Ausgaben, die Kosten für Drucksachen 2c. bewirkten, daß eine Zubuße entstand. Es kam hinzu, daß die Zweiganstalt infolge ihrer Ausdehnung in den Rahmen des Geschäftsbetriebs der Genossenschaft nicht mehr hineinpaßte. Man interessirte daher die städtische Sparkasse für das Unternehmen, damit dasselbe, namentlich in Rücksicht auf die für kleinere Leute so wohlthätige Wirksamkeit, bestehen blieb. Die Sparkasse hat auch, wie bemerkt, die Ersparungsanstalt übernommen. Die Sparkasse hat einstweilen das bei der Mainzer Volksbank eingeführte System beibehalten. Nur in der Art der Rechnungsführung sind einige Aenderungen getroffen worden, so hat sie namentlich die früheren Aufnahmescheine, welche während des ersten Jahres der Mitgliedschaft den Einzahlern als Beleg und Conto dienten, wegfallen lassen und sie giebt schon bei Erhebung des ersten Wochenscheines (Coupons) dem Einleger, der sich zu einem bestimmten wöchentlich abzugebenden Beitrag verpflichtet hat, gegen 50 Pfg. Eintrittsgeld ein Einlagebuch, in welches die Rückzahlungen jedesmal eingetragen und von zwei Beamten unterzeichnet werden. Quittungen werden von Rückzahlungen nicht mehr verlangt. Der Betrag der Wochenbeiträge des laufenden Jahres wird am Jahresschluß resp. sobald nach dem Jahresabschluß das Buch wieder an der Kasse vorkommt, eingetragen. Der Saldo vom Jahresschluß wird von da ab zu $3^{1}/_{2}\%$ verzinst. Bei jeder Rückzahlung muß mindestens der Betrag eines Wochenbeitrags als Guthaben stehen bleiben. Werden alle geleisteten Wochenbeiträge erhoben, so wird das Buch zurückgenommen und der betreffende Conto erlischt.

Eine der ältesten Sparkassen mit Abholungssystem ist die in Karlsruhe bestehende, im Jahre 1832 gegründete Privatspargesellschaft. In ihrem im Jahre 1893 umgearbeiteten Statut hat sie das Abholungssystem theilweise aufgegeben, indem die Abholung nicht mehr obligatorisch, sondern nur noch fakultativ stattfindet.

Große organisatorische Gedanken treten in der Praxis des Wirthschaftslebens vielfach zunächst in ganz unscheinbarer Form zu Tage. Sie können auf einzelne Orte beschränkt lange Zeit hindurch sich bewähren, ohne daß man ihnen eine besondere Rücksicht zu Theil werden läßt, bis sie von irgend einer Seite der allgemeineren Beachtung zugänglich gemacht werden. So verhält es sich auch mit dem Abholungssystem auf dem Gebiet des Sparkassenwesens. Auf diesem Grundgedanken beruht das sogenannte Scherl'sche Sparsystem. Scherl hat ihn mit einem anderen, im Lauf der Zeit bei einzelnen Sparkassen mit Erfolg erprobten, von uns bisher noch nicht erwähnten, Gedanken combinirt, daß nämlich die Sparer Prämien erhalten sollen, ohne besondere Beiträge dafür zu leisten. Zwei weitere Hauptpunkte des Scherl'sche Sparsystems bestehen darin, daß es sowohl die Mitwirkung der bestehenden Sparkassen zur Voraussetzung hat, damit die ersparten Gelder den betreffenden Gemeinden nicht entzogen werden, und daß sämmtliche Spargelder von vornherein in den Händen der Sparkassen bleiben. Da die äußerst interessanten, auf das Scherl'sche Sparsystem bezüglichen Schriften derzeit nur als Manuskript gedruckt sind, sonach gemäß dem Willen des Verfassers der Allgemeinheit noch nicht zugänglich sind, so kann hier auf die wohldurchdachten Einzelheiten des Systems nicht eingegangen werden. Ueber das Scherl'sche Sparsystem haben Wilhelm Roscher, Adolf Wagner, Oberregierungsrath Dr. Roscher und der Regierungsrath Georg Evert überaus anerkennende, im wesentlichen zustimmende Gutachten erstattet und der Versuch einer Einführung des Systems in die Praxis darf wohl in Bälde erwartet werden. S. auch Hann. Sparkasse 1891 No. 223, S. 3: Vortheile des Abholungssystems und des Prämiensystems, und ib. 1891, No. 229 S. 2: Roscher über Prämien- und Alterssparkassen

Es ist aber auch in hohem Grade wünschenswerth, daß insbesondere die Schrift über die Grundgedanken zu August Scherl's Sparsystem thunlichst bald allgemein zugänglich gemacht werden möchte, selbst wenn der praktischen Verwirklichung seines Systems sich noch Hindernisse in den Weg stellen sollten. In dieser Schrift sind folgende Bedingungen genannt,

deren Erfüllung ein richtig geleitetes, wohlverstandenes Spar=
system sich zur Aufgabe stellen muß:
1. durch seine Einrichtungen die Betheiligung womöglich
der gesammten sparfähigen Bevölkerung, besonders
aber der breiten arbeitenden Volksklassen an der Spar=
bethätigung zu erzielen,
2. durch Ausscheidung aller, den unmittelbaren Spar=
zweck übersteigenden Ersparnisse von der Fürsorge der
Sparkassen und durch Steigerung der Intensität der Spar=
bethätigung bis an die durch den Sparzweck gezogene
Grenze den letzteren auf das Wirksamste zu erfüllen,
3. die Beharrlichkeit der Sparer selbst zu befördern
mittelst positiver Einrichtungen, welche die Spar=
gewöhnung und die Sparlust wirksam unterstützen,
4. durch positive Maßregeln darauf hinzuwirken, daß
seitens der Sparer die gemachten Ersparnisse nicht
unzeitig und unzweckmäßig verwendet werden, und
insbesondere mittelst eines richtig geleiteten Prämiirungs=
wesens den Hauptfeind der Sparsamkeit, die Spielsucht,
zu bekämpfen und in den Dienst derselben zu stellen.

Es ist nicht unsere Meinung, daß das Ueberbringungs=
system auf dem Gebiet des Sparkassenwesens durchaus zu be=
seitigen sei. Wir sind weit davon entfernt, dasselbe als
ein veraltetes System zu bezeichnen. Aber es ist unsere Ueber=
zeugung, daß das Abholungssystem bisher eine zu geringe
Beachtung gefunden hat, daß in demselben eine große bisher
nicht gewürdigte erzieherische Kraft liegt, daß die Propaganda
für die Förderung des Sparsinns namentlich auch bei der ländlichen
Bevölkerung, mit Aussicht auf größte und ungeahnte Erfolge
auf Grund des Abholungssystems zu veranlassen sei. Bei einer
wohldurchdachten systematischen Durchbildung dieses Systems
kann schließlich jedes Haus zu einer Sparkasse werden.

Es ist in den Schriften über das Scherl'sche Sparsystem
und auch sonst noch nicht darauf hingewiesen worden, daß
namentlich in jüngster Zeit auf einem anderen volkswirthschaft=
lichen Gebiet das Abholungssystem große und bemerkens=
werthe Erfolge errungen hat, nämlich auf dem Gebiet der
Lebensversicherung. Die „Volksversicherung" oder „Arbeiter=

versicherung" wird in Deutschland seit langer Zeit durch die Gesellschaft „Friedrich Wilhelm" in Berlin — früher auch durch den „Nordstern" — mit bescheidenem, seit wenigen Jahren durch die „Victoria" mit großem Erfolg betrieben. Sie stammt aus England, wo namentlich die größte Gesellschaft, Prudential, ungewöhnliche Resultate damit erzielt und blüht neuerdings auch in Nordamerika. Das Charakteristische dieser Volksversicherung ist die Annahme von ganz kleinen Versicherungen, weit unter der sonst üblichen Minimalgrenze, die Zulassung von Prämienzahlungen in Wochen= und Monats= raten, während sonst durchgängig nur jährliche, halbjährliche oder vierteljährliche Prämienzahlung besteht, die Annahme von Versicherungen auf Grund ganz summarischer ärztlicher Untersuchungen oder selbst ganz ohne solche (die Victoria hat beide Combinationen mit verschiedenen Tarifen). Ein wesentliches Moment aber bildet durchweg die Abholung der Versicherungsprämien bei den Versicherten.

§ 18. Die Sparkassen und die Lebensversicherungsgesellschaften.

Finden wir in dem eben erwähnten Abholungssystem einen äußeren Berührungspunkt in der Propaganda auf dem Gebiet des Sparkassenwesens und der Versicherung, so regt diese Beobachtung zu der Frage an, ob auch innere Berührungspunkte zwischen diesen beiden großen Gebieten zur Förderung der Volkswohlfahrt gegeben sind. Es ist zunächst interessant zu constatiren, daß es eine Zeit gab, in der die Lebensversicherungsgesellschaften von den Sparkassen befehdet wurden. Die Sparkassen meinten, daß die Prämien für die Lebensversicherungsgesellschaften davon abhielten, ihnen ihre Sparpfennige zu bringen, sie behaupteten, daß die Versicherungsgesellschaften geringere Sicherheit bieten als die Sparkassen, daß die Verfügungsfreiheit beeinträchtigt sei und an Stelle eines stets greifbaren Kapitals, an Stelle des Bezuges von klingenden Zinsen und Zinseszinsen ein Hoffnungsgeschäft trete „Zukunftsmusik," eine Spekulation auf die höchstmögliche Trauer in der Familie, und die Lebensversicherungs-Gesellschaften wiederum polemisirten gegen die Sparkassen. S. Eff. Spar=

kasse 1884, No. 61: Sparkasse und Lebensversicherung. Aber es ist klar, daß ein solcher Streit höchst unfruchtbar ist, wie beide Institutionen die Wohlfahrt der Menschen fördern, „indem sie Gelegenheit bieten, für den in der Weltordnung vorgesehenen Wechsel des Geschicks sich möglichst vorzubereiten und Fürsorge zu treffen."

Es sind verwandte Gesinnungen und Gefühle, welche zur Betheiligung an der einen und der andern Institution anregen. Jeder Akt des Sparens gegenüber einer Sparkasse ist ein Akt freier Bethätigung, man sammelt beliebige Beträge in unbestimmter Höhe, bei der Lebensversicherung ist ein Kapital von vornherein fixirt. Für die regelmäßig wiederkehrenden Beiträge hat man sich der freien Willensbethätigung bis zu einem gewissen Grade begeben. Dem Zwang zur Beitragsleistung gehen erhebliche Vortheile parallel, aber dieser Zwang zur Beitragsleistung kann auch erhebliche Nachtheile mit sich bringen, wenn eben der Verpflichtete nicht in der Lage ist, die übernommene Verpflichtung zu erfüllen.

Es ist ein überaus interessantes und bisher nicht gelöstes Problem, ob eine organische Verbindung zwischen einer Sparkasse und Lebensversicherung möglich sei. Eine äußere Verbindung hat man in England herzustellen versucht. Im Jahre 1864 wurde ein Gesetz gegeben, durch welches die Postämter in ihrer Eigenschaft als Postsparkassen autorisirt worden sind, Renten- und Lebensversicherungen abzuschließen. In 19 Jahren wurden 7194 Versicherungen auf diese Weise abgeschlossen. Das Gesetz ist ist im Jahre 1882 amendirt worden. S. Eff. Sparkasse 1884 No. 61.

Die italienischen Sparkassen haben hauptsächlich zur Gründung der Nationalversicherungskasse, einer Arbeiterversicherungsanstalt, beigetragen: Die Sparkassen in einer großen Anzahl italienischer Städte, die Mailänder Sparkasse an ihrer Spitze, beschafften durch Widmung eines kleinen Theils ihrer disponiblen Reservemittel den Garantiefond der Anstalt, die jedoch ein vollkommen unabhängiges, mit den Rechten einer juristischen Person ausgestattetes Versicherungsinstitut ist. Die Sparkassen, welche an dem Errichtungswerk theilgenommen haben, bestreiten die Verwaltungskosten, so daß die Versicherten nur die für das Risiko entfallende Nettoprämie: also eine weit billigere Prämie als sie von industriellen Versicherungsgesellschaften gefordert würde, zu entrichten haben. Eff. Sparkasse 1883, 4. August No. 34: Die Humanität im Sparkassenwesen.[1])

Es konnte auch in der Entwicklungsgeschichte des Sparkassenwesens nicht ausbleiben, daß man nach Einrichtungen strebte, welche die Vortheile der Sparkasse mit denen einer Versicherung vereinigen sollten Es gehören dahin die Alterssparkassen. Das Wesen der Alterssparkassen besteht darin, daß ein Theil der Zinsen des Guthabens bei der Sparkasse besonders gebucht wird, um die daraus zu bildenden Einlagen der Alterssparkasse mit einer nicht unbedeutenden Prämie zu bedenken, und ferner darin, daß die Beiträge der Sparer nebst Zinsen bis zu einem gewissen Lebensalter der Sparer festgehalten werden, damit alsdann der Sparer sich im Besitz eines kleinen Kapitals befinde, das für den Sparer im Alter wichtig ist. S das Statut der städtischen Alterssparkasse zu Düsseldorf. Die Düsseldorfer Regierung empfahl die Einrichtung von Alterssparkassen die allmählig bei allen Sparkassen des Bezirks, welche den statutenmäßigen Reservefond besitzen, ins Leben treten sollten. Sollten bei einigen Sparkassen die verfügbaren Ueberschüsse des Reservefonds zur Dotirung einer Alterssparkasse nicht ausreichen, so könne eventuell auch ein Theil der verfügbaren Zinsen desselben dazu verwendet werden. Eff. Sparkasse 1886, Beilage zu No. 105, S. 4, 1887, No. 139, 140.

Es handelt sich hier um eine besondere Art der gesperrten Sparkassenbeiträge, nämlich um die Einrichtung der gesperrten Sparbücher. Man hebt zu ihren Gunsten hervor, durch die gesperrten Sparbücher werden die Sparkassen Versicherungsanstalten insofern, als dem Einleger selbst oder einem Dritten für einen bestimmten späteren Zeitpunkt oder für ein bestimmtes Ereigniß ein Kapital bereit gestellt wird. Der Einleger wird gegen spätere Willensschwankungen bis zum Eintritt des vorbestimmten Zeitpunktes oder Ereignisses geschützt und die

---

[1]) Ueber die Beziehung zwischen Lebensversicherung und Sparkassen. S. auch Engel und Feldmann in der Zeitschrift des preußischen statistischen Bureaus 1876 S. 306.

Kapitaleinlagen werden für den ursprünglich in Aussicht genommenen Zweck sichergestellt. Die bezüglichen Versicherungen (Militärdienst-, Aussteuer- 2c. Versicherung) sind in allen Fällen theurer als die Einzahlungen bei der Sparkasse. Die Versicherung vermittelst Einlage bei der Sparkasse ist bequem und billig. Das Geld trägt, bis der Maximalbetrag der Einlage erreicht ist, dieselben Zinsen, wie die nicht gesperrten Beträge, und das Kapital vermehrt sich also stetig. Das Ende der Sperrung kann an die verschiedensten Ereignisse geknüpft werden. Man hat als Vortheil dieser Einrichtung hervorgehoben, daß der Sparkasse durch diese Einrichtung Kapitalien zufließen, die auf viele Jahre hinaus unkündbar sind. Dies ist durchaus zutreffend. Man hat auch hingewiesen, daß die Zinsen und alle Kapitaleinzahlungen seitens eines Dritten, wenn es vorgesehen wird, erst mit dem Ende der Sperrung ins Eigenthum der auf dem Sparkassenbuch genannten Person übergehen und daß sie somit im Falle des Concurses unantastbar, nicht verpfändbar und nicht übertragbar sind. S. Eis. Sparkasse 1888, No. 162, S. 6.

S. auch Hannoversche Sparkasse 1891 No. 216 S. 2, No. 219, S. 5.

Eine erhebliche praktische Bedeutung haben die gesperrten Sparkassenbücher bisher nicht erlangt. Man kann mit Recht auf „den kleinlich bevormundenden Charakter" dieser Einrichtung hinweisen, auch betonen, daß sie ihren Zweck niemals auch nur annähernd erfüllen könne, weil sich nicht alle möglichen Fälle, in denen die Herausnahme der Einlagen zu billigen ist, bei der Sperrung berücksichtigen lassen, auch die Sperrung in den betreffenden Fällen nicht immer gebilligt werden kann. „Wenn auch die Einlage für einen bestimmten dringlichen Zweck bis zu einem bestimmten Termin durch Sperrung reservirt wird, so tritt sehr häufig vor diesem Termin an den Sparer die unvorhergesehene Nothwendigkeit nach bringlicheren Ausgaben heran. Wenn dann dem Sparer die Herausnahme seiner gesperrten Einlagen unmöglich oder erschwert ist, dann wird ihm häufig nichts anderes übrig bleiben, als behufs Befriedigung der augenblicklichen dringlichsten Ausgaben zum Wucherer oder zum Leihhaus seine Zuflucht zu nehmen, oder auch sein Sparkassenbuch gegen höheren Zins zu verpfänden." Immerhin bietet die Einrichtung trotz ihrer Unvollkommenheit manche durchaus beachtenswerthe Seite.

Nähert sich in dem System der gesperrten Sparbücher die Organisation einer Sparkasse den Zweckbestimmungen der Versicherung, ist hier die Tendenz vorhanden, die Vortheile der Versicherung auf dem Wege der Sparkasse zu erreichen, so sind neuerdings durch das System der abgekürzten Lebensversicherung, das eine immer größere Verbreitung gewinnt, seitens der Versicherungsgesellschaften die Vortheile der Ersparnißanstalten mit denjenigen der Lebensversicherung äußerst glücklich combinirt worden.

Das Hauptbedenken gegen die Entnahme einer Lebensversicherung liegt in der Erwägung, ob man in der Lage sei, mit einiger Bestimmtheit den regelmäßigen Zugang von Einnahmen zu erzielen, welche die Entrichtung einer Versicherungsprämie gestatten. Bei einer Lebensversicherung für den Todesfall ist diese Voraussicht bis in das späteste Alter und für alle Eventualitäten nöthig gewesen. Das System der Lebensversicherung mit steigender Dividende hat die zu übernehmende Last einigermaßen milder erscheinen lassen. Aber sehr viele Menschen sind zwar in der Lage, für einen kürzeren Zeitraum von 10—20 Jahren die regelmäßige Entrichtung einer Prämie ohne jegliches Bedenken übernehmen zu können, während sie eine solche Verpflichtung für eine in ihrer Dauer weniger leicht übersehbare Zeit von sich abweisen möchten. In der Lebensversicherungsprämie bei der abgekürzten Lebensversicherung tritt unstreitig das Element der Versicherungsprämie gegenüber demjenigen der Spareinlage zurück, und zwar im gesteigerten Maße dann, wenn die Versicherung möglichst abgekürzt wird. Auch ist diese Ersparnißform ganz besonders empfehlenswerth, wenn sie in möglichst jugendlichem Alter gewählt wird.

Aus dem Gesagten ist zur Genüge ersichtlich, daß innerhalb der Institution des Sparkassenwesens einige beachtenswerthe Einrichtungen ersonnen worden sind, durch deren sachgemäße Benützung dieselben Zwecke verfolgt und bis zu einem gewissen Grade dieselben Ziele erstrebt werden können, wie durch den Eintritt in eine Versicherungsgesellschaft und daß wiederum auf dem Gebiet des Versicherungswesens, namentlich in neuester Zeit, Einrichtungen ausgebildet worden sind, wodurch die Vortheile der Sparkasse mit den Vortheilen der Versicherung nahezu vollständig combinirt werden.

Man könnte den geschilderten Entwicklungsgang auch so charakterisiren: Es sind Elemente des Versicherungswesens in gewisse Modalitäten des Sparwesens übernommen worden und umgekehrt. Ein charakteristisches Element des Versicherungswesens ist der Zwang, dem der Versicherungsnehmer in dem Augenblick sich unterwirft, in dem er einen Versicherungsvertrag eingeht. Das charakteristische Element des Sparens bei der Sparkasse ist die Ungebundenheit gegenüber Dritten, die Freiwilligkeit der jedesmaligen Leistung. Man hat nun Sparinstitutionen ersonnen, bei welchen der Sparer in einem gewissen Umfang und für eine gewisse Zeit sich ebenfalls einen Zwang auferlegt und man hat Versicherungsformen ersonnen, durch welche das unbequeme Gefühl einer vertragsmäßig nothwendigen Beitragsleistung thunlichst gemildert wird.

Verfolgt man aber mit Unbefangenheit die geschäftliche Thätigkeit der Sparkassen einerseits und der Versicherungsgesellschaften anderseits, so kann man sich der Ueberzeugung nicht verschließen, daß die Versicherungsgesellschaften einen einmal aufgenommenen organisatorischen Gedanken mit größerer Energie, mit größerer kaufmännischer Gewandheit und mit dem größeren Talent der Propaganda praktisch verwirklichen.

So erklärt es sich, daß durchaus gesunde Neuerungen auf dem Gebiet des Sparkassenwesens leicht lokalisirt bleiben, daß die schließlich allen wirthschaftlichen Institutionen anhaftenden Unvollkommenheiten und Bedenken von der Nachahmung abhalten, während alle Neuerungen auf dem Gebiet des Versicherungswesens eine große Expansionskraft besitzen.

Bekanntlich ist die Frage über die juristische Natur der Lebensversicherung noch keineswegs abschließend entschieden. Ja von hervorragenden Juristen wird der Lebensversicherung auf den Todesfall, von manchen auch der Lebensversicherung überhaupt die Natur einer Versicherung abgesprochen. Die

Frage kann in diesem Zusammenhang von uns nicht behandelt werden.[1])

Jedenfalls ist das Sparkassenelement wirthschaftlich ein sehr wesentliches Moment bei der Versicherung, indem durch die kapitalisirten Einschüsse der Versicherten nebst Zinsen und Zinseszinsen die Mittel beschafft werden, um die Versicherungssumme respektive die Renten zu zahlen.[2])

Wirthschaftlich ist die Lebensversicherung unzweifelhaft eine zugleich auf Vermögensersparung und auf Versicherung gerichtete Veranstaltung. Sie hat in dieser Hinsicht eine Doppelnatur. Sie unterscheidet sich dadurch von jeder andern Art der Versicherung. Indem jemand sich und den Seinen den Erwerb eines bestimmten Kapitals sichern will, weiß er, daß dies, wenn er nicht vor der Zeit stirbt, nur mittelst seiner eigenen Ersparnisse und ihrer Verzinsung geschehen kann. Er weiß aber auch, daß sein Sparvorhaben der Unterbrechung durch seinen vorzeitigen Tod ausgesetzt ist und deshalb versichert er sich zugleich gegen diese Gefahr. Die beiden Funktionen: 1. der planmäßigen Ersparung durch gleiche Einlagen während einer Reihe von Jahren und 2. der Versicherung dieses Sparplanes gegen die Gefahr der Unterbrechung durch den vorzeitigen Tod des Sparers könnten an sich ganz getrennt vorgenommen werden, etwa die erste durch die Sparkasse, die zweite durch die Lebensversicherung. An der Möglichkeit fehlt es sogar nicht. So giebt es beispielsweise eine Form der Lebensversicherung, die sogenannte „kurze Versicherung", welche reine Versicherung ist, indem die Versicherungsgesellschaft nur zu zahlen hat, wenn innerhalb eines bestimmten Zeitraumes, etwa von 5 Jahren, der Versicherte stirbt. Hier ist die Prämie reine Risikoprämie und dementsprechend viel niedriger als die der normalen Lebensversicherung. Diese und ähnliche Formen haben sich aber

---

[1]) Zur ersten Orientirung genügt: Lewis, Lehrbuch des Versicherungsrechts, Stuttgart (Enke) 1889, S. 301 ff., Bischoff, die rechtliche Bedeutung der Prämienreserve eines Lebensversicherungsbetriebs, Bremen (Heinsius Nachfolger) 1891, S. 36 ff., Knöpfmacher, der Policenrückkauf einer Lebensversicherung, Leipzig und Wien (Franz Deuticke) 1891, S. 45 und passim.

[2]) Lewis, Lehrbuch des Versicherungsrechts, S. 306.

nicht eingelebt, weil die Vereinigung beider Funktionen in der Lebensversicherung offenbar weit zweckmäßiger ist.

Mag man auch darüber streiten, ob bei der Lebensversicherung der Versicherungs- oder der Sparcharakter überwiegt, so hat jedenfalls die Entwicklung, welche die Lebensversicherung im letzten Menschenalter genommen hat, immer mehr den Sparcharakter zur Geltung gebracht und zwar in dem Maße, als die einfache Lebensversicherung durch die abgekürzte zurückgedrängt wurde.

Mit dieser Umgestaltung und der zunehmenden Verwendung der Lebensversicherung zur Kapitalersparung hat deshalb auch die Frage an Bedeutung gewonnen, was sie, abgesehen von ihrer Leistung als „Versicherung", als Sparveranstaltung, verglichen mit der reinen Sparkasse, thatsächlich leisten kann. Es eröffnen sich in dieser Hinsicht überaus interessante Perspektiven und es kann keinem Zweifel unterliegen, daß die moderne Lebensversicherung als eine kulturell höherstehende Ersparnißform sich qualificirt, berufen, große soziale Aufgaben ihrer Lösung zuzuführen.

Aber es bleibt dabei wohl zu beachten, daß in dem äußerst complicirten wirthschaftlichen Organismus primitive Formen neben den entwickelteren ihre Existenzberechtigung behalten und segensreich wirken können. Es ist daher nichts mehr zu vermeiden, als eine gegenseitige Befehdung und man hat sich zu vergegenwärtigen, daß gerade diejenigen, die durch Sparkassen zum Sparen erzogen sind, am besten für die Eingehung einer Lebensversicherung prädisponirt sind.

Aehnliche Gesichtspunkte kommen in Betreff der Stellung und Aufgabe der Lebensversicherungsgesellschaft als Vermögensverwalterin im Vergleich mit der reinen Sparkasse in Betracht.

§ 19. **Die moderne Sozialgesetzgebung und ihr Einfluß auf den Sparsinn der arbeitenden Bevölkerung.**

In der vollen Würdigung und Erkenntniß dieser Thatsache liegt ein Ausgangspunkt für die moderne Sozialgesetzgebung.

Hervorragende Sozialpolitiker mochten eine Zeit lang der Meinung sein, daß die Aufgabe des modernen Staats, wie sie in Bezug auf die Fürsorge für die arbeitende Bevölkerung sich immer bestimmter herausbildete, durch eine immer weiter greifende Organisation des freiwilligen Sparens gelöst werden könne, und dieses Bestreben hat auch gute Früchte gezeitigt. Es ist die Erkenntniß von der sozialen Aufgabe des Sparkassenwesens vertieft worden und gerade darin wurzelt ein erheblicher Theil der von uns geschilderten Reformbewegung.

Die moderne Sozialgesetzgebung konnte hierbei nicht stehen bleiben. Sie hat an die Stelle der freiwilligen Arbeitersparsamkeit den Sparzwang treten lassen.

Der Sparzwang, welcher in den Sozialgesetzen liegt, hat nun unzweifelhaft für die der Zwangsversicherung Unterstellten ein wichtiges Ziel der freiwilligen Arbeitersparsamkeit in seiner Dringlichkeit beschränkt. S. auch Roscher, Hannoversche Sparkasse 1891, S. 3, No. 233 und ferner Ess. Sparkasse 1893, S. 13.

Es ist eine überaus interessante, aber derzeit kaum noch zu beantwortende Frage, inwieweit unsere Sozialgesetzgebung den Sparsinn der unteren Klassen beeinflussen wird, nachdem die Sozialgesetzgebung einen Theil der Aufgaben übernommen hat, die bisher auf dem Wege der Selbsthilfe, insbesondere auch durch die Sparkassen, eine nicht befriedigende Lösung fanden.

Die Frage ist um so interessanter, als man sich zu vergegenwärtigen hat, daß die Grenzen der Sozialgesetzgebung immer weiter gesteckt werden. Schon ist es angeregt, auch die Regelung der Frage der Arbeitslosigkeit in Erwägung zu ziehen und die Frage der Arbeiterwohnungen, sowie der Bau solcher Arbeiterwohnungen aus den Mitteln der Reichsversicherungsanstalten ist aus dem Stadium der theoretischen Erwägung bereits herausgetreten.

Angesichts dieser Thatsachen bleibt es eine erfreuliche Erscheinung, daß bisher, seit dem Erlaß der einzelnen Sozialgesetze, eine Verringerung der Sparkassenausdehnung nicht eingetreten ist, auch die Zahl der Conten hat sich bei solchen Sparkassen, die vielfach Ersparnisse der Arbeiterbevölkerung verwalten, nicht vermindert, anscheinend sogar vermehrt. So mag es denn sein, daß der Sparsinn vielfach vortheilhaft angeregt wird, wenn die der Zwangsversicherung Unterstellten wissen, daß ihre Ersparnisse nicht mehr bei einer Erkrankung, bei einem Unfall 2c. hingeopfert werden müssen, daß ihre Ersparnisse also zur dauernden Kapitalbildung ihre Verwendung finden können.

Das Sparkassenwesen ist als eine organische Institution der Volkswirthschaft in den einzelnen Ländern noch relativ jung. Eine solche junge Institution hat in ihrer Entwicklungsgeschichte gleichmäßig die Gefahr der Vernachlässigung, der Schablone, wie diejenige des Uebergriffs auf Gebiete, die sie nicht bewältigen kann, naturgemäß zu bestehen. Erst im Laufe der Jahrzehnte findet sich der aus der Natur der Sache sich ergebende, homogene Wirkungskreis. Der Entwurf eines Reichspostsparkassengesetzes hat wesentlich dazu beigetragen, die Sparkassen aus einer unverkennbaren Lethargie herauszureißen, die Sozialgesetzgebung hat sie noch rechtzeitig davor bewahrt, die Lösung von Aufgaben zu versuchen, die auch bei einer berechtigten weitergehenden Erfassung ihrer sozialen Pflichten, für sie unlösbar gewesen sein würden.

§ 20. **Die Organisation des Sparwesens durch die Erwerbs- und Wirthschafts-Genossenschaften.**

Haben wir im Obigen die Berührungspunkte zwischen den reinen Sparkassen und den Lebensversicherungen, sowie mit der modernen Sozialgesetzgebung in Betracht gezogen, so ist in Ergänzung dessen auch des ferneren noch darauf hinzuweisen, wie die Förderung des Sparsinns insbesondere auch seitens der deutschen Erwerbs- und Wirthschaftsgenossenschaften als eine diesen obliegende Aufgabe seit dem Jahre 1880 allmählig anerkannt wurde.

Die Generalversammlung der deutschen Erwerbs- und Wirthschaftsgenossenschaften in Karlsruhe nahm im Jahre 1885 folgenden Antrag des Genossenschaftsanwalts an: Die Creditgenossenschaften sind nach ihrem Wesen und ihrem Zwecke darauf hingewiesen, die kleinen Ersparnisse in dem Umkreise ihres Geschäftsverkehrs an sich zu ziehen, und zur Befriedigung des Kapitalbedürfnisses in dem Bereiche, aus dem sie geflossen sind, wieder zu fruchtbringender Verwendung zu bringen. Es gehört unbestreitbar zu den Aufgaben der deutschen Genossenschaften, durch Förderung des Sparsinns den weniger bemittelten und unbemittelten Klassen zur Kapitalbildung und damit zur wirthschaftlichen Selbständigkeit behilflich zu sein. Diesem Zweck und dieser Aufgabe aber können und werden die Creditgenossenschaften ohne Nachtheil und Gefahr für die eigene Sicherheit und Geschäftsgebahrung nur genügen durch Sparkasseneinrichtungen, welche nach der einen Seite hin die Bestimmungen enthalten, daß jede angebotene Spareinlage unbedingt angenommen wird und daß der Zinsfuß nicht in jedem einzelnen Falle bedungen, sondern im voraus bestimmt und bekannt gemacht ist, welche ferner in Betreff der Annahme und Rückzahlung der Spareinlagen jede mögliche Erleichterung und Bequemlichkeit dem Sparer gewähren, und welche die leichte Uebertragbarkeit der Sparkassenguthaben von einer Genossenschaft zur andern und die Auszahlung von Sparkassenguthaben durch Ueberweisung ermöglichen und welche nach der andern Seite hin den Begriff der Spareinlagen dadurch begrenzen und feststellen, daß in jeder Genossenschaft durch die Sparkassenordnung — je nach den örtlichen Verhältnissen und Bedürfnissen, entsprechend dem Umfange des Geschäfts der Genossenschaft — der Betrag bestimmt wird, welchen die Einlagen eines jeden Sparers nicht übersteigen dürfen und welche der Genossenschaft das Recht wahren, die Rückzahlung der Spareinlagen nur nach vorheriger, in den Sparkassenbedingungen der Zeit nach festgesetzter Aufkündigung zu leisten. Aus diesen Gründen beschließt der Vereinstag: 1 den Creditgenossenschaften die Einrichtung von Sparkassen nach Maßgabe vorstehender Grundsätze zu empfehlen, 2. den Anwalt zu beauftragen, mit der Deutschen Genossenschaftsbank S. P. & Cie. Bestimmungen über die Uebertragbarkeit und Ueberweisung von Spareinlagen zu verabreden und unter Berücksichtigung der desfallsigen Vereinbarung dem nächsten Allgemeinen Vereinstage eine anderweitige Vorlage, betreffend die Bedingungen über Annahme, Verzinsung und Rückzahlung von Spareinlagen zu machen."

Eff. Sparkasse 1885 No. 86 vom 25. September.

Die hier angeregte Organisation wurde unausgesetzt weiter verfolgt und ausgebildet. Auf dem Verbandstag der deutschen Erwerbs- und Wirthschaftsgenossenschaften vom 24. bis 26 August 1893 zu Stettin wurde eine Sparordnung für die Vorschußvereine angenommen. Hann. Sparkasse 1893, S. 296 und den Wortlaut der Sparordnung ibid. S. 248 (jedoch ist der dort noch enthaltene § 8 gestrichen worden). S. auch die Spareinrichtungen der Creditgenossenschaften. Hann. Sparkasse 1892, S. 248.

Die bestehenden öffentlichen Sparkassen sehen vielfach in der Förderung des Sparsinns auch durch die Genossenschaften eine unberechtigte Beeinträchtigung ihrer Thätigkeit. In der Centralausschußsitzung der Königlichen Landwirthschafts-Gesellschaft für die Provinz Hannover vom Jahre 1892 wurde bemerkt: Der Begründung von Spar- und Darlehenskassen in Hannover entstehen Widersacher in den Amts- und Kreissparkassen, die in den Spar- und Darlehenskassen unliebsame Concurrenten erblicken, die Begründung derselben erschweren und verhindern oder bestehenden Genossenschaften durch allerhand berechtigte und unberechtigte Mittelchen das Leben sauer machen. Aber beide Institute ergänzen sich in bester Weise. Es ist deßhalb ein derartiger Neid unverständlich, umsomehr, als es nach unserer Auffassung eine Concurrenz, die bekämpft werden muß, wenn es sich darum handelt, Gutes zu schaffen, nicht giebt. Die Behauptung, daß die Amts- und Kreissparkassen so organisirt seien, daß auch sie das Geschäft der Spar- und Darlehenskassen machen können, kann nur sehr vereinzelt, nicht allgemein zutreffend sein. S. auch Hann. Sparkasse 1892, S. 107.

§ 21. Die Post im Dienste des Sparens.

Es ist unzweifelhaft, daß jede Vermehrung der Spargelegenheiten den Erfolg steigert, daß jede neue Spargelegenheit auch neue Sparer schafft. Mag man nun auch wie immer dem Entwurf eines Reichspostsparkassengesetzes gegenüberstehen, so bleibt es doch fraglich und es ist diese Frage keineswegs abschließend erörtert, ob es nicht Mittel und Wege geben möchte, um auch die Post mit ihren weitverzweigten Betriebsanstalten in den Dienst des Sparens zu stellen. Bei der ersten Berathung des Postsparkassengesetzes im Jahre 1885 bemerkte der Staatssekretär von Stephan, mit der Annahme des Gesetzes würde die Zahl der Sparkassen von 3000 auf 12000 mit einem Schlag erhöht, neben den Postanstalten besitze die Post 20000 mobile Postanstalten: die Landbriefträger. Er verwies auf die jederzeitige Zugänglichkeit dieser Anstalten in den besten Tageszeiten, auf den Besitz geeigneter Lokalitäten und der erforderlichen Kassenbehälter, auf den nothwendigen Controllapparat und die an sich bei der Post gegebene Form der Uebertragbarkeit. Selbst die entschiedensten Gegner der Postsparkassen haben in Würdigung des Obigen doch den Gedanken nicht zurückweisen können, daß es möglich sein dürfte, die Post in den Dienst des Sparens zu stellen. Der Stadtsyndikus Dullo überreichte in diesem Sinne dem Ausschuß des deutschen Sparkassenverbandes einen Gesetzentwurf, welcher bezweckte, die Vermittlung des deutschen Sparkassenverkehrs durch die Postanstalten zu regeln, „in einer Weise, welche als eine Schädigung der Sparkassen nicht empfunden werden könne". S den Entwurf mit Motiven in der Ess. Sparkasse 1885, No. 72.

Die Reichstagscommission für das Postsparkassengesetz nahm am 17. Februar 1885 unter Ablehnung des Entwurfs selbst, die Resolution an: „Die verbündeten Regierungen aufzufordern, dem Reichstag einen Gesetzesentwurf vorzulegen, welcher durch Mitwirkung der Postverwaltungen bei Annahme, Uebertragung und Rückzahlung von Spargeldern die Vermehrung und Verbesserung der Spargelegenheiten und deren Verbreitung über das Reichsgebiet bewirkt."

In der Reichstagssitzung vom 28. März 1887 regte Struckmann die Frage an, daß die Post sich in anderer Weise als dies durch die Postsparkassen beabsichtigt war, in den Dienst des Sparkassenwesens stelle, daß sie sich in Verbindung mit den Communalkassen setze und über ganz Deutschland ein

Netz von Annahmestellen für Ersparnisse errichte. Diese Anregung fand vielseitige Zustimmung im Reichstag. Eff. Sparkasse 1887, No. 123. S. insbesondere auch die Protokolle des 3. Hannoverschen Sparkassentags vom 10. Oktober 1888 S. 17 ff. und die Anlage A zu den Protokollen: Eingabe des Vorstandes des Hannoverschen Sparkassenverbandes, betreffend die Unterstützung der Sparkassen durch die Post, S. 25—28.

§ 22. Sparbegriff. Vortheile des Sparens.

Es gilt auf dem Gebiete der Geschichtschreibung bekanntlich als besonders schwierig, die Geschichte der eigenen Zeit zu schreiben. Zeitgenössischen Problemen gegenüber verfallen wir sehr leicht der Selbsttäuschung. Die Selbsttäuschung äußert sich in einer Ueberschätzung oder Unterschätzung gewisser Zeitströmungen und der Ideen, von welchen die Menschen um uns bewegt werden. Wir können es tagtäglich mit ansehen und beobachten, wie Hunderte und Tausende von einer anscheinend tiefgehenden Bewegung erfaßt werden. Wie ein gewaltiger Strom alle Hindernisse mit sich fortreißend und alles erdrückend dahinrauscht, so gewinnen gewisse sozialreformatorische Gedanken zeitweilig eine Herrschaft über die Massen und die Schöpfer dieser Gedanken glauben das Arcanum der gesellschaftlichen Reconstruction gefunden zu haben. Aber nach kurzer Zeit wird die Bewegung auf ein richtiges, bescheidenes Maß reducirt. Und öfter sind wir in der Lage, wahrzunehmen, wie aus ganz bescheidenen Anfängen große constructive Gesichtspunkte sich durchgerungen haben und nachhaltigeren Einfluß gewinnen konnten, als Stichwörter, von denen die Massen sich begeistern ließen.

Und wie es im Allgemeinen schwierig ist, über die Berechtigung und Tragweite zeitgenössischer reformatorischer Gedanken sich Rechenschaft zu geben, so auf dem Gebiete, dem wir im Obigen unsere Betrachtungen gewidmet haben. Aber gleichwohl bleibt es von größter Wichtigkeit, die Zeitströmungen, insbesondere auch auf dem Gebiete des Wirthschaftslebens zu verfolgen und dem Versuch sich zu widmen, daß man die Grundgedanken erfasse, von denen die Jahre bewegt gewesen

sind, die unmittelbar hinter uns liegen, die wir selbst durch-
lebt haben und deren Impulse mit größerer oder geringerer
Stärke auf die Gegenwart ihren Einfluß äußern.

Wenn man das der Verwaltung unserer deutschen Sparkassen unterstehende Gesammtvermögen auf ca. 6 Milliarden
veranschlagen mag, so ergiebt sich aus der Größe dieser Summe
von selbst die Nothwendigkeit, unausgesetzt die reformatorischen
Grundgedanken zu verfolgen, welche für die Förderung des
Sparsinns und für die richtige Verwaltung des Ersparten
mit größerer oder geringerer Nachhaltigkeit in die Erscheinung
getreten sind.

Und man wird mit einiger Befriedigung gerne der Ueberzeugung Raum geben, daß seit dem Anfang der 80er Jahre
in vielen Theilen Deutschlands für die Reform des Sparkassenwesens überaus beachtenswerthe, geläuterte Anschauungen
zum Durchbruch gekommen sind oder darnach ringen. Damit
wächst die Hoffnung, daß auch in den hiervon noch nicht oder
im geringeren Maße berührten deutschen Landestheilen derselbe
geistige Entwicklungsprozeß hervortreten wird und daß es für
die Beschleunigung dieses Entwicklungsprozesses von Nutzen
sei, wenn die geistige Arbeit, die in andern deutschen Landestheilen sich vollzogen hat, in großen Zügen vor Augen ge-
führt wird.

Es möge zum Schluß dieses Kapitels darauf hingewiesen werden, daß selbstverständlich seit dem Beginn der 80er
Jahre in Literatur und Praxis sich auch über den Begriff des
Sparens, über die Vortheile der Sparsamkeit und über die
volkswirthschaftliche Funktion der Sparkassen klare und präzisere
Anschauungen Geltung verschafft haben. Sparen heißt: Um
der Zukunft willen die Gegenwart verkürzen. Hannoversche
Sparkasse 1893, S. 98. Sparen ist zielbewußtes wirthschaft-
liches Handeln, sowohl auf dem Gebiete der Consumtion, wie
auf dem Gebiete der Produktion Eff. Sparkasse 1889, Nr. 182.
Der Spartrieb ist eine feine Blüthe intellektueller und mora-
lischer Erziehung Nicht allein in dem Geldbetrag der ersparten
Summe liegt der Werth des Sparens, sondern in der Willenskraft, einen Theil des gewiß häufig nur kleinen Einkommens
aufzusammeln und diesen sich für eine spätere Zeit zu er-

halten. „Das Glück oder das Elend des Alters ist nur ein Auszug aus unserem vergangenen Leben", sagt ein französischer Schriftsteller und ein französisches Sprichwort lautet: Wer mit 20 Jahren nichts weiß, mit 30 Jahren nichts kann, mit 40 Jahren nichts hat, wird nie etwas wissen, nie etwas können, nie etwas haben. Und der große Menschenfreund Franklin sagt: Wenn die von der Regierung uns auferlegten Steuern die einzigen wären, die wir zu zahlen hätten, so könnten wir sie leicht entrichten, aber wir haben viele andere und einige von uns viel nachtheiligere. Wir werden ganz ebenso sehr von unserer Trägheit, 3 mal so hoch von unserem Hochmuth, und 4 mal so hoch von unserer Thorheit besteuert.

In seiner populären, überaus beherzigenswerthen Schrift über die Sparsamkeit sagt der Engländer Smiles: Sparen bedeutet: Im Privatleben haushälterisch verfahren. Haushälterisches Verfahren ist nicht ein natürlicher Trieb, sondern ein Erzeugniß der Erfahrung, des Beispieles und der Ueberlegung. Es ist auch das Ergebniß der Erziehung und der Verstandesbildung. Smiles, S. 5. Verbrauche weniger, als du verdienst. Bezahle immer baar und mache keine Schulden. Nie nehme man einen unsicheren Gewinn als bereits eingestrichen an, indem man ihn ausgiebt, bevor man ihn in Händen hat. Ueber alles, was man verdient und über alles, was man ausgiebt, führe man regelmäßig Buch und Rechnung. ibid. S 154, 155 Sparsamkeit ist der Geist der Ordnung in seiner Anwendung auf die Führung und Gestaltung des Hauswesens. S. 114. Willenskräftiges Sparen wirkt wie Zauber, einmal begonnen, erwächst es zur Gewohnheit. Es giebt uns das Gefühl der Befriedigung, der Stärke, der Sicherheit . . . der Mensch, der spart, baut sich ein Wetterdach gegen den Regen. S. 253.

Der Engländer Johnson nennt die Wirthschaftlichkeit: die Tochter der Vorsicht, die Schwester der Enthaltsamkeit und die Mutter der Freiheit, und ein englisches Sprichwort lautet: Der Verdienst (der Arbeiter) kommt durch den Hahn im Fasse herein und geht zum Spundloch wieder hinaus.

Und der Bericht einer französischen Sparkasse weist darauf hin, daß der furchtbarste Feind der Sparkassen und des Volks die Trunksucht, der Alkoholismus sei, die Vergeudung und Verzettelung des Verdienfts in ungesunden Getränken. Zur direkten Geldausgabe komme noch der Preis der im Rausch verlorenen Arbeitskräfte und Arbeitstage, der Arznei- und Kurkoften für diejenigen Krankheiten, welche nothwendiger- weise aus solchem Mißbrauch geistiger Getränke entstehen: eine ungeheure Summe, welche dem späteren Wohlbefinden und den Ersparnissen des kleinen Mannes entzogen werde. Die Ausdehnung dieses schrecklichen Uebels sei ein Haupt- hinderniß der Entwicklung des Sparsinns. Der Sparsinn sei das stärkste Gegenmittel. Hannover'sche Sparkasse 1892, S. 311.¹)

Die Einleitung zu dem Buch von Smiles bildet folgende Fabel:

Ein Graspferd, halb todt vor Kälte und Hunger, kam, als der Winter herannahte, an einen gut mit Nahrung ver- sehenen Bienenstock und bat die Bienen demüthig, ihm in seiner Noth mit ein paar Tropfen Honig beizuspringen. Eine der Bienen fragte es, wie es seine Zeit den ganzen Sommer über verbracht und warum es nicht, wie sie, einen Vorrath von Nahrung zurückgelegt habe.

„Wahrhaftig", sagte das Graspferd, „ich habe meine Zeit sehr lustig mit trinken, tanzen und singen verbracht und nicht ein einziges Mal an den Winter gedacht".

„Unser Lebensplan ist sehr anders", sagte die Biene; „wir arbeiten im Sommer emsig, um für die Jahreszeit Nahrung zurückzulegen, wo wir, wie vorauszusehen, derselben bedürfen werden; aber die, welche im Sommer nichts thun, als daß sie trinken, tanzen und singen, müssen sich darauf gefaßt machen, im Winter zu verhungern".

---

¹) S. auch Umpfenbach, die Altersversorgung und der Staats- sozialismus, Stuttgart (Encke) 1883, S. 4: „Ich habe versucht, aus einzelnen genau beurtheilbaren Thatsachen mir eine ungefähre Veranschlagung zu ent- werfen und kam zu einer Summe von 2—300 Millionen Mark, die in Deutschland jährlich von jungen Arbeitern und Arbeiterinnen völlig unnütz verschwendet wird."

3. Kapitel.

Die Rheinische Hypotheken-Bank und die Sparkassen. Die Reform des badischen Sparkassenwesens.

§ 23 Die Badischen Sparkassen.

An die gegebenen Ausführungen knüpft sich von selbst die Frage: Was ist in dem Großherzogthum Baden auf dem Gebiete des Sparkassenwesens seit dem Jahre 1880 geschehen? und zwar einerseits seitens der Großherzoglichen Regierung und anderseits durch die Sparkassen? Die Antwort kann nicht zweifelhaft sein: Von der Großherzoglichen Regierung ist in Verbindung mit den Kammern mehr geschehen, als in andern deutschen Staaten, von den Sparkassen erheblich weniger. Aus der Initiative der Regierung hervorgegangen ist das badische Gesetz, betreffend die Rechtsverhältnisse und die Verwaltung der mit Gemeindebürgschaft versehenen Sparkassen vom 9 April 1880 und die Vollzugsverordnung vom 9. April, sowie die Verordnung vom 31. Juli 1887. Durch sie ist ein wesentlicher Fortschritt auf dem Gebiet des Sparwesens erzielt worden. Gesetz und Verordnungen sind wohl erwogene, reife Arbeiten und das Gesetz hat auch außerhalb Badens erhebliche Beachtung und Anerkennung gefunden

Es ist eine eigenthümliche und bemerkenswerthe Thatsache, daß durch die geistigen Strömungen auf dem Gebiete des Sparkassenwesens, wie sie in den beiden ersten Kapiteln geschildert worden sind, ein Zusammenschluß der badischen Sparkassen weder im allgemeinen noch für besondere Zwecke herbeigeführt worden ist. Die einzige gemeinsame Action zahlreicher badischer Sparkassen besteht in einer Petition an das Großherzogliche Ministerium des Innern mit der Bitte, „daß der Rheinischen Hypothekenbank in ihrem Concurrenzkampf gegen die Sparkassen keine Unterstützung seitens der staatlichen Behörden, insbesondere der Großherzoglichen Bezirksämter und Landwirthschaftslehrer zu Theil werde."

Die Thätigkeit der Großherzoglichen Regierung aber hat niemals darin bestanden, die Rheinische Hypothekenbank in einem Concurrenzkampf gegen die Sparkassen zu unterstützen. Sie wird auch niemals darin bestehen. Für Baden ist dieselbe Frage auf der Tagesordnung, die in ganz Deutschland lebhaft ventilirt wird, nämlich die Förderung des ländlichen Bodencredits durch Gewährung billigen, unkündbaren, amortisablen Credits. Die Rheinische Hypothekenbank hat die Berechtigung dieser Frage rückhaltslos anerkannt und sich ihrerseits bereit erklärt, alles zu thun, was in ihren Kräften stehe, um der badischen Landwirthschaft billigen, unkündbaren, amortisablen Credit zuzuführen. Sie ist eifrigst bemüht, diese Erklärung zu bethätigen und in die Praxis überzuleiten. Für die Ueberleitung in die Praxis ist die Belehrung der ländlichen Bevölkerung unerläßlich. Diese Belehrung hat sich als wirksam und nützlich erwiesen. Sie erscheint insbesondere unerläßlich, um die Vortheile des Annuitätensystems, der planmäßigen Schuldentilgung, der ländlichen Bevölkerung vor Augen zu führen. In der Förderung dieser Belehrung hat die Großherzogliche Regierung ein Recht, vielleicht sogar eine Pflicht erblickt.

Auch die badischen Sparkassen anerkennen den Beruf, den ländlichen Bodencredit in Baden nach Kräften zu fördern. Wir vermögen nicht zu ermessen, wie bei Lösung dieser uns gemeinschaftlich obliegenden Aufgabe ein Concurrenzkampf bestehen könnte. Wir sind unsererseits von jedem Concurrenzkampf weit entfernt. Wir betrachten die Sparkassen als die natürlichen Verbündeten für die Lösung der gemeinschaftlichen Aufgabe, vorausgesetzt, daß die Sparkassen zu denselben günstigen Bedingungen, wie sie in dem Abkommen vom 14. November 1892 enthalten sind, die ländlichen Darlehen gewähren. Sofern und soweit sie zu noch günstigeren Bedingungen solche ländlichen Darlehen geben, werden wir dies freudigst begrüßen.

Mit anderen Worten, das Abkommen, welches zwischen der Großherzoglichen Regierung und der Rheinischen Hypotheken=
bank besteht, kann in aller und jeder Richtung auf alle die Sparkassen ausgedehnt werden, welche nach den in dem Ab=
kommen enthaltenen Grundsätzen die ländlichen Darlehen geben. Bei der Belehrung der ländlichen Bevölkerung kann auf diese Thatsache volle Rücksicht genommen werden. Alle diejenigen Sparkassen des Landes, welche für die Gewährung ländlichen Hypothekencredits auf den Boden des Abkommens vom 14. November 1892 sich stellen, werden seitens der Rheinischen Hypothekenbank in ihren Bestrebungen die eifrigste und energischste Förderung finden.

Wir sind insbesondere der Ansicht, daß bei der Gewährung von Amortisationsdarlehen seitens der Sparkassen die kalkula=
torischen Aufgaben für viele Sparkassen=Vorstände zum mindesten sehr zeitraubend, für einzelne Sparkassen vielleicht sogar kaum durchführbar sind. Die Bank ist daher bereit, allen Sparkassen, welche dies wünschen, die kalkulatorischen Aufgaben abzunehmen, die Tilgungspläne für Amortisations=
darlehen ihnen zu berechnen und dabei lediglich eine mäßige Gebühr in Anrechnung zu bringen. Sie ist auch bereit, für die etwa erforderlichen besonderen Einrichtungen der Buch=
haltung für Amortisationsdarlehen ihren Rath zu ertheilen und ihre eigene Buchführung den Sparkassenvorständen zu zeigen, auch für die Ausbildung von Sparkassenbeamten, so=
weit immer thunlich und soweit dies etwa gewünscht wird, hilfreiche Hand zu bieten.

Wir vermögen unter diesen Umständen nicht zu erkennen, wo das Gebiet zur Befehdung der Bank durch die Spar=
kassen sein soll. Ueberall im Lande, wo die Sparkassen zu denselben günstigen Bedingungen, wie wir, billigen, unkünd=
baren, amortisablen Bodencredit gewähren, haben sie durch ihre lokale Organisation ohnehin einen Vorsprung vor uns und wir sind gerne bereit, ihnen denselben zu lassen, sie in ihrer Wirksamkeit zu unterstützen. Frei von jeder Erwerbs=
tendenz auf dem Gebiete des ländlichen Bodencredits in Baden, wüßten wir nicht, warum wir es nicht gerne sehen sollten,

wenn die Sparkassen unter denselben Bedingungen wie wir das Wohl der Landwirthschaft in Baden fördern.

Man hat in Sparkassenkreisen über die Gründe und Motive nachgedacht, die uns veranlassen, der badischen Landwirthschaft unsere Unterstützung ohne jede Erwerbstendenz zu bieten und dabei in vielfachen Variationen die Wesenheit der Rheinischen Hypothekenbank verkannt.

Es ist richtig und unleugbar: Die Rheinische Hypothekenbank ist eine Actiengesellschaft. Unrichtig ist, jede Actiengesellschaft als eine Organisation des Großkapitals zu bezeichnen. Die Rheinische Hypothekenbank ist eine Organisation des Kleinkapitals. Unser Actienbesitz befindet sich in Tausenden von Händen. Er ist überaus zersplittert. Er ist, wie ich glaube, ein werthvoller Bestandtheil der Kapitalanlage bei vielen kleinen badischen Kapitalisten geworden. Die Deduction, daß man den „Kapitalismus" begünstige, indem man der Rheinischen Hypothekenbank fördernd gegenübersteht, ist also hinfällig. Es läßt sich auch ganz allgemein nachweisen, daß die Actiengesellschaften bis zu einem gewissen Grade die Macht des Kapitalismus, der Concentration großer Kapitalien in einer oder wenigen Händen, gebrochen haben.

Es ist richtig, daß die Rheinische Hypothekenbank eine Erwerbsgesellschaft ist, es ist aber unrichtig, daß die Erwerbstendenz auf allen Gebieten ihrer Thätigkeit sich äußern müsse, und die Rheinische Hypothekenbank hat die Eigenschaft einer Erwerbsgesellschaft in Rücksicht auf die Pflege des Bodencredits für den mittleren und kleineren Grundbesitz wie für den Großgrundbesitz im Großherzogthum abgestreift. Sie hat in dieser Hinsicht die Eigenschaft eines gemeinnützigen Instituts angenommen. In dieser Eigenschaft, combinirt mit derjenigen, daß sie ein Programm für die Hebung des ländlichen Bodencredits in Baden aufgestellt hat, welches geeignet ist, den weitestgehenden Anforderungen entgegenzukommen, beruht ihre Stärke

Dagegen sind viele badische Sparkassen, obwohl sie als solche gemeinnützige Institute sind, Erwerbsinstitute auf dem Gebiete des ländlichen Bodencredits. Das ergiebt sich aus ihren Jahresberichten unzweifelhaft. Wie es Actiengesellschaften giebt und geben kann, die in ihrer Totalität oder in Bezug auf eine einzelne Branche ihres Geschäftsbetriebs keine Erwerbsinstitute sind, so kann es Vereinigungen geben, die, obwohl sie nicht Actiengesellschaften sind, eine Erwerbstendenz haben. Für diejenigen, auf welche jene Erwerbstendenz sich erstreckt, die unter der Herrschaft derselben höheren Zins zahlen, als sie andernfalls zahlen müßten, ist es nicht von Erheblichkeit, daß das Resultat der Erwerbstendenz, der Gewinn, für gemeinnützige Zwecke Verwendung findet.

Nun soll aber die Erwerbstendenz der Sparkassen auch keineswegs beseitigt werden, es handelt sich lediglich darum, sie in Bezug auf diejenigen Hypotheken, welche qualitativ dem Abkommen vom 14. November 1892 entsprechen, auf ein gewisses für die Sparkassen durchaus erträgliches Maß zu reduciren, freilich nicht nur in Bezug auf die neu einzugehenden Hypotheken, sondern auch in Rücksicht auf die bestehenden.

Und soweit die Sparkassen in diesem Sinn ihren ernsten Willen bethätigen, so werden wir, wie oben bemerkt, nicht das Gefühl einer Concurrenz hegen, sondern die Bank wird mit Befriedigung erkennen, daß ihre den Wünschen der Großherzoglichen Regierung conformen Bestrebungen erfolgreich gewesen sind.

Bei der Thätigkeit der Sparkassen auf dem Gebiet des ländlichen Bodencredits bleibt es aber eine unerläßliche Voraussetzung, daß die Sparkassen nach Kräften und mit überzeugungsvollem Ernste sowohl die Eingehung neuer Darlehen in Annuitätenform, wie auch die Umwandlung der bestehenden kündbaren Darlehen in Annuitätendarlehen fördern.

Die Frage der Schuldentlastung steht für den ländlichen Grundbesitz im Vordergrund der Erwägungen. Eine Creditorganisation, welche lediglich der Verschuldung des ländlichen Grundbesitzes, nicht aber gleichzeitig der Schuldentlastung dient, entspricht nicht den als richtig erkannten geläuterten volkswirthschaftlichen Anschauungen der Gegenwart. Unsere Landwirthe müssen auf den Weg der Schuldentilgung hingewiesen werden und je öfter und intensiver das geschieht, desto größere Gewähr ist dafür vorhanden, daß sie zu ihrem eigenen Besten den Weg auch wählen. Ob und in welchem Umfang aber die Sparkassen ihre Gelder in Amortisations= hypotheken anlegen dürfen, ist eine Frage, welche die Spar= kassen, wenn sie zu einem Verbande sich zusammengeschlossen haben, in Erwägung ziehen mögen und welche auch die Großherzogliche Regierung unzweifelhaft sachgemäß entscheiden wird. Der Rheinischen Hypothekenbank als solcher ist es durchaus willkommen, wenn die Sparkassen ihre Activbestände im größten Umfang in ländlichen amortisablen Hypotheken festlegen wollen Eine ganz andere Frage ist die, ob dies im Interesse einer vorsichtigen Verwaltung von Sparkassen= geldern empfohlen werden kann.

Die Gefahren, welche durch eine allzu große Illiquibität der Sparkassenanlagen den Sparkassen drohen, sind in einer Denkschrift über die Anlage der Sparkassengelder in Hypotheken von dem Verfasser der vorliegenden Schrift dargelegt worden.[1]) Der Verfasser dieser Schrift nimmt für sich das Recht in Anspruch, über die Fragen der badischen Volkswirthschaft seine Ueberzeugung durchaus selbstständig darzulegen, auch ab= gesehen von seiner Qualität als Direktor der Rheinischen Hypothekenbank. Es geschieht dies auf Grund einer mehr als 25jährigen erfolgreichen wissenschaftlichen Thätigkeit auf dem Gebiet des Rechts und der Volkswirthschaft. Man hat dies außer Acht gelassen und jene Denkschrift als eine Schrift der Bank behandelt.

Die Bank als solche hat an der Gewährung von Hypotheken und an der Ausgabe von Pfandbriefen auf Grundlage der erworbenen Hypotheken doch nur dann ein pekuniäres Interesse, wenn eine Spanne zwischen Activ= und Passivzinsen besteht. Wenn sie die Darlehen aber zum Selbst= kostenpreis gewährt, so hat sie als Erwerbsinstitut keinerlei Interesse weder an der Vergrößerung ihres Hypothekenbestandes noch an der Vergrößerung ihres Pfandbriefumlaufs. Die in der Petition niedergelegten entgegengesetzten Anschauungen

---

[1]) Die Schrift ist einige Monate nach der ersten polemischen Broschüre eines Mitgliedes der Bruchsaler Sparkasse erschienen.

sind unrichtig. Die Bank als solche würde im Gegentheil ein größeres Interesse daran haben, daß die Sparkassen im Zustande der Illiquidität verharren und recht viele Hypotheken unter denselben Bedingungen, wie die Bank gewähren. Wenn dieser Gesichtspunkt aber gänzlich zurückgetreten ist, so beweist dies eben nur, daß die Bank die einmal der Regierung gegenüber übernommene Aufgabe vorbehaltlos und rückhaltlos und mit vollstem Ernst zu erfüllen bestrebt ist. Was die Berechnung des Selbstkostenpreises unserer Pfandbriefe betrifft, so ist in dem Abkommen vom 14. November 1892 reichliche Garantie für die gewissenhafte Aufstellung dieser Rechnung gegeben. Diese Berechnung wird jeweils dem Großherzoglichen Ministerium des Innern vorgelegt, es fungirt bei der Bank ein Commissär des Großherzoglichen Ministeriums des Innern, der einen vollständigen Einblick in die Landescreditkassenabtheilung der Bank hat. Unsere Verwaltung und Geschäftsführung ist übrigens eine derartige, daß jedem genügend Legitimirten auch abgesehen von jeder amtlichen Eigenschaft der Einblick in dieselbe jederzeit gestattet wird.

Man hat die von mir in der Denkschrift aufgestellten Behauptungen als eine Tendenzschrift der Bank hinzustellen versucht und in den mannigfachen polemischen Aeußerungen nicht minder, wie auch in der Petition gänzlich außer Acht gelassen, daß sich jede Behauptung auf die hervorragendsten Autoritäten des deutschen Sparkassenwesens und die Erlasse höchster staatlicher Verwaltungsbehörden stützt.

Wenn man in der Petition sich darauf beruft, daß die Anlage der Sparkassenkapitalien, so wie sie geschehen, dem Gesetz entspreche, so sei ausdrücklich constatirt, daß eine ungesetzliche Anlage der Sparkassenkapitalien nirgends von mir behauptet worden ist. Es handelt sich lediglich darum, ob dem Princip der Liquidität der Anlagen, einem rationellen Verwaltungsprincip für alle Vermögensverwaltungen, genügend Rechnung getragen sei und diese Frage wurde verneint. Die in der Petition geltend gemachten entgegengesetzten Erwägungen sind unzutreffend.

Man beruft sich in der Petition auf die Erfahrungen der Kriegsjahre von 1866 und 1870. Diese naheliegende Berufung ist unzutreffend. Noch im Jahre 1870 hatten die badischen Sparkassen einen Gesammtvermögensbestand von M. 51,757,246, bis zum Jahre 1891 hat sich dieser Vermögensbestand auf M. 262 Millionen erhöht. Im Jahre 1870 stand das badische Sparkassenwesen noch in den Anfängen der Entwicklung. Wer möchte die Erfahrungen, die bei einem relativ so niedrigen Vermögensbestand gemacht worden sind, für einen um das 5fache größeren Betrag als maßgebend betrachten wollen?

Wer möchte die schöne Hoffnung und den lebhaften Wunsch, daß Deutschland und insbesondere auch unser Baden von jeglicher feindlichen Invasion im Fall eines Krieges verschont bliebe, zur Grundlage seiner geschäftlichen Berechnungen und seiner geschäftlichen Fürsorge machen?

Wer kann es ignoriren, daß unsere Wehrpflicht eine erhebliche Erweiterung erfahren hat und daß damit die Zahl der Familienväter, die im Fall einer Mobilmachung einberufen werden, gewachsen ist und daß viele derselben, bevor sie Haus und Familie verlassen, den Ihrigen parate Mittel werden beschaffen wollen?

Wer kann die Erwägung außer Acht lassen, daß die Gefahr einer feindlichen Invasion in einem künftigen Kriege vielleicht nicht so rasch schwindet wie im Jahre 1870 und daß der Krieg selbst möglicher Weise länger dauern könnte als damals?

Und wenn die Sparkassen dann unter Berufung auf ihre Satzungen Rückzahlungen verweigern, weil sie in Folge der Illiquidität dieselben nicht leisten können, dann werden die Einleger über die „Gemeinnützigkeit" dieser Institute lebhaften Zweifel empfinden.

Wenn die Petition behauptet, daß in solchen Zeiten durch die Gemeinden die für die Sparkassen nöthigen Gelder beschafft werden können, so beruht dies auf einer nicht genügenden Würdigung der Geldnoth und der Creditnoth bei solch' kritischen Zuständen des Geldmarktes. Diese Behauptung ist ebenso hinfällig, wie die anderwärts aufgestellte Ansicht, daß man dann Hypotheken „lombardiren" könne. Es ist ein vielleicht schönes Zeichen tiefen Friedens, wenn weite Kreise die verheerende Wirkung schwerer kritischer Zeiten sich nur unvollkommen vorzustellen vermögen. Aber es thut diesen friedlichen Zeiten keinen Eintrag, wenn man die Vorkehrungen für anders gestaltete Verhältnisse mit Sorgfalt und rechtzeitig trifft. Wie unsere Militärbehörden in Friedenszeiten den Mobilmachungsplan feststellen, so müssen auch die Verwaltungen beträchtlicher Vermögenscomplexe ihren Mobilmachungsplan in ruhigen Zeiten feststellen und für die Möglichkeit der Durchführung desselben Fürsorge treffen.

Soviel wir sehen, sind damit die wesentlichsten Punkte der Petition besprochen. Es ist kaum nothwendig auf einige Einzelheiten noch einzugehen. Doch sei constatirt:

1. daß die Großherzogliche Regierung jeweils in der Lage ist, sich davon zu überzeugen, wie die Bank die ländlichen Darlehen thatsächlich zum Selbstkostenpreis gewährt und wie dieser Selbstkostenpreis berechnet wird,
2. daß der Großherzogliche Regierungscommissär für die Landescreditabtheilung von der Coulanz der Bank in der Bewilligung ländlicher Darlehen sich periodisch überzeugt, nicht minder insbesondere auch von der Triftigkeit der Gründe, welche für die Ablehnung von Darlehensgesuchen vorhanden sind,
3. daß die Beleihungsgrenzen so bemessen sind, wie sie bei vorsichtiger Kapitalverwaltung unter gleichzeitiger Rücksichtsnahme auf die Creditbedürfnisse des ländlichen Grundbesitzes einerseits und auf die Solidität unserer Pfandbriefe als eines Anlagepapieres ersten Ranges bemessen werden müssen,
4. daß die in früheren Kapitalzusagescheinen zwar enthaltenen, aber in der Praxis ohnehin nicht zur Anwendung gelangten Bestimmungen für den Fall unpünktlicher Zins- und Kapitalzahlungen nun auch gänzlich aus den Kapitalzusagescheinen weggefallen sind,
5. daß die Möglichkeit der Rückzahlung kleiner und kleinster Kapitalstheile sowohl bei kündbaren wie bei amortisablen Darlehen hergestellt ist.

Diese leider unabweisbaren Darlegungen sind aus der Nothwendigkeit der Defensive hervorgegangen. Jede Polemik ist uns unliebsam und so wenden wir uns gern wieder zu allgemeinen Gesichtspunkten, die für das badische Sparkassen= wesen in Betracht kommen.

§ 24. Die Reform der badischen Sparkassen.

Möchten die badischen Sparkassen in ihrer Gesammtheit aus den beiden ersten Kapiteln dieser Schrift die Ueberzeugung gewinnen, daß sie aus sich selbst heraus die Kraft der Initiative für eine Reihe von Reformen gewinnen müssen, daß sie an die Lösung zahlreicher Fragen in der nächsten Zeit heranzutreten haben.

Im Vordergrund steht die Nothwendigkeit der Bildung eines badischen Sparkassenverbandes, worauf bereits in meiner Schrift über die Anlage der Sparkassengelder in Hypotheken (Mannheim, 1893) hingewiesen worden ist. Die Wirksamkeit eines solchen Verbandes hängt selbstverständlich von der Intelligenz der Leitung ab, von der vollkommenen Einsicht in die volkswirthschaftlichen Funktionen des Sparkassenwesens, der vollendeten Beherrschung des hier in Betracht kommenden, nicht leicht zugänglichen, überaus zersplitterten, aber sehr werthvollen Materials und von der sachgemäßen Verwerthung dieses Materials für die eigenartigen Verhältnisse unseres Landes.

Alle die zahlreichen Fragen, die namentlich in dem 2. Kapitel dieser Schrift berührt worden sind, werden der Reihe nach auf die Tagesordnung der Versammlungen des Spar= kassenverbandes gesetzt werden müssen. Sie erfordern eingehende, mit Sorgfalt ausgearbeitete Referate als unentbehrliche Grundlage der Diskussion. Eine wichtige und unter gewissen Voraussetzungen vielleicht auch in Baden nachahmenswerthe Institution erblicke ich in der Anstellung von Verbands= revisoren. Zur baldigen Erwägung ist die Einrichtung einer Centralstelle für den Geldausgleich der Sparkassen und auch für die Creditvermittelung zu stellen. Die zweck= mäßigste Ausbildung von Sparkassenbeamten für ihren Lebens= beruf wird ins Auge gefaßt werden dürfen. Will man ein wahrhaft tüchtiges Beamtenpersonal dauernd besitzen, so müssen die Beamten die Gewißheit haben, daß für sie selbst im Falle der Invalidität und daß für ihre Relikten geeignete Fürsorge getroffen sei. Wenn man auch derzeit ohne diese generell umfassende Fürsorge hervorragend tüchtige Sparkassenbeamte besitzt, so ist dies ein Beweis der Opferwilligkeit und der Selbstlosigkeit, die in diesen Kreisen vorhanden ist. Der Anschluß an den deutschen Sparkassenverband wird die Thätigkeit des badischen Verbandes fördern.

Man darf es sich nicht verhehlen: viele Sparkassenvorstände hegen die Besorgniß, daß ihre Gewinnüberschüsse sich vermindern möchten und daß sie dann nicht in der Lage seien, die von ihnen verfolgten gemeinnützigen Zwecke so wie bisher zu fördern. In dieser Besorgniß haben sie noch nicht den richtigen Weg der Abhilfe gefunden. Sie stemmen sich gegen die neuen Aufgaben einer neuen Zeit. Sie polemisiren, anstatt Positives zu schaffen. Anstatt neue Quellen des Erwerbs sich zu erschließen, suchen sie die alten mit aller Kraft offen zu halten. Aber wo sind die neuen Quellen des Erwerbs und sind dieselben der Zweckbestimmung und der Natur der Sparkassen homogen? Diese Quellen sind leicht erkennbar, ihre Erschließung wird den badischen Wohlstand fördern und die Bedeutung der Sparkassen heben: In einem erhöhten Maße ist der Sparsinn, namentlich auch der ländlichen Bevölkerung zu fördern, das Sparkassenwesen ist in Baden erheblich mehr zu popularisiren und auf Grund erhöhter Spareinlagen wird auch bei geringerer Differenz zwischen Activ- und Passivzins dann annähernd dasselbe Resultat wie bisher zu Gunsten der von den Sparkassen unterstützten gemeinnützigen Institutionen sich ergeben können.